# 数字文化馆:网络平台与实体空间

李国新　曹　俊　主编

国家圖書館出版社

图书在版编目（CIP）数据

数字文化馆：网络平台与实体空间/李国新，曹俊主编. --北京：国家图书馆出版社，2016.6（2019.3 重印）
ISBN 978 - 7 - 5013 - 5830 - 4

Ⅰ.①数… Ⅱ.①李… ②曹… Ⅲ.①文化馆—数字化 Ⅳ.①G242

中国版本图书馆 CIP 数据核字（2016）第 107651 号

| | | |
|---|---|---|
| 书　名 | 数字文化馆:网络平台与实体空间 | |
| 著　者 | 李国新　曹　俊　主编 | |
| 责任编辑 | 金丽萍 | |
| 出　版 | 国家图书馆出版社（100034　北京市西城区文津街 7 号）<br>（原书目文献出版社　北京图书馆出版社） | |
| 发　行 | 010 - 66114536　66126153　66151313　66175620<br>66121706（传真）　66126156（门市部） | |
| E-mail | nlcpress@ nlc. cn（邮购） | |
| Website | www. nlcpress. com ——→投稿中心 | |
| 经　销 | 新华书店 | |
| 印　装 | 北京鲁汇荣彩印刷有限公司 | |
| 版　次 | 2016 年 6 月第 1 版　2019 年 3 月第 2 次印刷 | |
| 开　本 | 880 毫米×1230 毫米　1/32 | |
| 印　张 | 6.625 | |
| 字　数 | 150 千字 | |
| 书　号 | ISBN 978 - 7 - 5013 - 5830 - 4 | |
| 定　价 | 48.00元 | |

# 编　委　会

# 推动数字文化馆理论研究和建设实践走向深入

## ——写在《数字文化馆:网络平台与实体空间》出版之际

李国新[①]　曹　俊[②]

文化馆是我国写进《宪法》的重要公共文化机构之一。目前,全国县以上文化馆有3300多所,数量多于公共图书馆。长期以来,文化馆以其独特的业务形态、内容载体和服务方式,在引领社会风尚、丰富人民群众精神文化生活、提升全民族文化艺术素养等方面发挥了重要作用。有学者认为,文化馆(站)应该担当起我国公共文化服务体系"龙头"的重任。

然而,和其他许多领域一样,文化馆的发展也不平衡。列举进展和成就,可以说出许多:文化馆指导和打造了众多的群众文化艺术精品,推动和引领了全国三亿多人参与的"广场舞"活动,组织、指导了6000多支馆办文艺团队和40多万支群众业余文艺团队,每年吸引3500多万人次走进文化艺术普及培训课堂,文化馆服务年惠及人次5亿以上,堪称丰富多彩、琳琅满目。但是,在全球信息化、网络化、数字化的浪潮中,我国文化馆在实现数字时代服务转型升级方面却步履蹒跚,进展缓慢,结果是今天文化馆数字化、网络化的整体水平远远落在了图书馆、博物馆之后。2015年,中国文化馆协会数字文化委员会委

---

① 李国新,北京大学教授、博士生导师,国家公共文化服务体系建设专家委员会主任。

② 曹俊,苏州市公共文化中心主任,副研究馆员,中国文化馆协会数字文化委员会主任委员。

托北京大学国家现代公共文化研究中心的研究团队对我国文化馆数字化建设的现状进行了一次抽样调查,结果显示,全国地市级文化馆建有网站的占总数的63.8%,县市级文化馆只占36.8%,全国文化馆拥有的计算机数量只及公共图书馆的23%,具备数字资源提供能力和远程服务能力的文化馆为数寥寥。这种状况与社会发展和人民群众的需求对文化馆的要求严重不相适应。

2011年我国开展公共文化服务体系示范区创建以来,特别是2012年中国文化馆协会成立以来,文化馆的数字化建设引起了业界的高度重视。公共文化示范区创建标准和第四次全国文化馆评估定级标准,都对文化馆的数字化建设提出了要求,文化共享工程基层点建设和数字资源建设开始向文化馆领域延伸,2015年全国公共文化发展中心还在全国10个由省到县不同层级的文化馆开展数字文化馆建设试点工程,全国基层公共文化队伍培训也强化了数字文化馆的内容。认识的提高再加上一系列扎实的举措,推动我国数字文化馆建设走上了快速发展的道路,短短两三年,就涌现出了重庆市北碚区文化馆、安徽省马鞍山市文化馆、江苏省苏州市公共文化中心、江苏省张家港市文化馆、浙江省平湖市文化馆等一批数字文化馆建设的先行探路者。本书就是我们跟踪我国数字文化馆建设开展基础理论研究、国际经验借鉴、国内实践总结而形成的阶段性成果。

按照我们的认识和理解,所谓数字文化馆,包括网上文化馆服务和文化馆实体空间的数字化、智能化建设。前者实际上就是"互联网 + 文化馆服务",最终形成的是文化馆的远程服务能力;后者是集成和应用现代科技成果和信息技术,打造文化馆数字化、智能化实体空间,提供体验式、交互式等令人耳目一新的文化馆服务载体、形态和样式。本书的内容就在这两个维度上展开。"网络平台"部分,主要是结合国内网上数字文化馆建设的实践,分析总结网上文化馆的基本功能、基本形态和主要实现方式,目的是逐步厘清网上文化馆该做什么、能做什么、怎样把该做的功能做好、怎样体现网上文化馆服务的特点。"实体空间"部分，我们发挥团队优势，引进和介绍了国外与我国文化馆类似机构打造实体数字空间的做法和经验。在我国，文化馆建设实体数字空间是一件全新的事情，唯其如此，他山之石的启发和借鉴作用尤为重要。同时我们也认识到，文化馆实体数字空间建设完全有可能触发和带动出一个专用设备制造、专门系统研发的新的产业增长点，形成公共文化和文化产业相互促进、协调发展的有力抓手。

数字文化馆建设在我国虽然时间不长，但已经在创新服务方式、增强服务能力和提升服务效益上显示出了优势。马鞍山、张家港、平湖等地的体验空间把文化馆传统的吹拉弹唱、琴棋书画等服务内容搬到了全新的数字化、智能化空间，服务方式令人耳目一新，文化馆服务的吸引力大为增强。苏州公共文化中心研发的"大型数字互动墙"，集成和应用了多点触摸、红外感应、增强现实、无线联网等现代技术手段，把单幅作品展示和馆藏资源数据库乃至异地资源联为一体，极大拓展和延伸了展示内容的广度和深度，彻底改变了文化馆、美术馆等机构传统的展览展示方式。嘉兴开发的"文化有约"网络服务平台，整合全社会的公共文化资源、内容和服务，实现了公共文化服务由"政府配送"到"百姓点单"的转变，全新的公共文化活动"网络众筹"模式也在探索之中。"互联网＋文化馆服务"还开创出了群众文化活动线上线下相结合的新模式。全国公共文化发展中心和中国文化馆协会组织的"全国百姓广场舞活动"，把网上展播、省内交流、区域联动、全国展演融为一体，网上展播吸引百万以上人次点播，线上线下联动，公众参与盛况空前；浙江丽水"乡村春晚"的现场演出通过中国文化网络电视传播到了全球 21 个国家和地区，极大拓展了传播效能。所有这些，依靠文化馆传统的服务方式去实现是难以想象的，它昭示了数字文化馆服务的巨大潜力和广阔前景。

数字文化馆建设在我国起步不久，本书对我国数字文化馆建设实践的总结和提炼，以及对国外情况的介绍评析都还是初步的。我们希望本书能够起到抛砖引玉的作用,引发更多的相关研究,由此改变我国数字文化馆理论研究探讨、实践总结提炼几乎空白的局面。可以预期,"十三五"时期将是数字文化馆建设快速发展的时期,让所有的文化馆具备数字资源提供能力和远程服务能力,让文化馆服务真正与"互联网＋"和智慧城市建设深度融合,是构建现代公共文化服务体系的时代任务。

2016 年 3 月

# 目　录

## 下篇　国外公共文化机构数字实体空间

# 上　篇

数字文化馆网络平台与实体空间建设

# 第一章 数字文化馆建设现状

## 第一节 数字文化馆网络平台建设现状

2015 年 8 月 16 日—10 月 20 日,北京大学国家现代公共文化研究中心课题组对全国文化馆开设的网站、微信公众号、微博进行了摸底调查。范围涵盖我国大陆地区 22 个省、5 个自治区、4 个直辖市、新疆生产建设兵团等 32 个省级行政区,对全部 32 个省(区)级文化馆和 426 个地(市)级文化馆的网站、微信公众号、微博状况进行了调研。县(区)级文化馆方面,课题组从东、中、西部地区各选择 2 个省,即辽宁、江苏、湖北、山西、陕西、贵州 6 个省,对 6 省全部 625 个县(区)级文化馆进行了调研。

### 一、省(区)级、地(市)级文化馆网络平台建设现状

表 1-1 省(区)级、地(市)级文化馆网站、微信、微博开通情况①

| 馆级别(数量) | 省(区)级(32) | | 地(市)级(426) | |
|---|---|---|---|---|
| 开通项目 | 开通数量 | 占比(%) | 开通数量 | 占比(%) |
| 网站 | 30 | 93.4 | 272 | 63.8 |
| 微信 | 12 | 37.5 | 107 | 23.8 |
| 微博 | 8 | 25.0 | 52 | 12.2 |

---

① 数据统计截至 2015 年 10 月 20 日。下同。

总体来看,省(区)级、地(市)级文化馆的网站开通率高于微信,微信开通率高于微博。省(区)级文化馆的网站、微信、微博开通率高于全国地(市)级的开通率。

省(区)级文化馆中,30 个文化馆开通了网站,只有西藏自治区、新疆生产建设兵团两省级文化馆未开通网站。省(区)级文化馆开通微信的不足二分之一,开通微博的则只占四分之一。

地(市)级文化馆中,网站的开通率为 63.8%。地(市)级文化馆开通微信的不足四分之一,开通微博的不足五分之一。

表 1-2　各省(区)地(市)级文化馆网站、微信、微博开通情况

| 序号 | 省<br>(地级市数) | 网站<br>开通数 | 比例<br>(%) | 微信<br>开通数 | 比例<br>(%) | 微博<br>开通数 | 比例<br>(%) |
|---|---|---|---|---|---|---|---|
| 1 | 江苏(13) | 13 | 100 | 5 | 38.5 | 3 | 23.1 |
| 2 | 河北(11) | 10 | 90.9 | 0 | 0 | 0 | 0 |
| 3 | 浙江(11) | 10 | 90.9 | 9 | 81.8 | 8 | 72.7 |
| 4 | 广东(21) | 19 | 90.5 | 12 | 57.1 | 8 | 38.1 |
| 5 | 福建(9) | 8 | 88.9 | 6 | 66.7 | 3 | 33.3 |
| 6 | 上海(17) | 15 | 88.2 | 11 | 64.7 | 4 | 23.5 |
| 7 | 安徽(16) | 14 | 87.5 | 2 | 12.5 | 0 | 0 |
| 8 | 四川(22) | 19 | 86.4 | 7 | 31.8 | 3 | 13.6 |
| 9 | 重庆(19) | 16 | 84.2 | 8 | 42.1 | 5 | 26.3 |
| 10 | 江西(11) | 9 | 81.8 | 3 | 27.3 | 0 | 0 |
| 11 | 河南(18) | 14 | 77.8 | 7 | 38.9 | 3 | 16.7 |
| 12 | 山东(17) | 13 | 76.5 | 9 | 52.9 | 1 | 5.9 |
| 13 | 宁夏(7) | 5 | 71.4 | 1 | 14.3 | 1 | 14.3 |
| 14 | 陕西(10) | 7 | 70 | 1 | 10 | 3 | 30 |
| 15 | 湖北(13) | 9 | 69.2 | 4 | 30.8 | 1 | 7.7 |

| 序号 | 省<br>(地级市数) | 网站<br>开通数 | 比例<br>(%) | 微信<br>开通数 | 比例<br>(%) | 微博<br>开通数 | 比例<br>(%) |
|---|---|---|---|---|---|---|---|
| 16 | 辽宁(14) | 9 | 64.3 | 1 | 7.1 | 0 | 0 |
| 17 | 广西(14) | 9 | 64.3 | 2 | 14.3 | 1 | 7.1 |
| 18 | 北京(16) | 10 | 62.5 | 4 | 25 | 0 | 0 |
| 19 | 云南(16) | 10 | 62.5 | 1 | 6.3 | 1 | 6.3 |
| 20 | 湖南(13) | 8 | 61.5 | 4 | 30.8 | 3 | 23.1 |
| 21 | 吉林(10) | 6 | 60 | 2 | 20 | 0 | 0 |
| 22 | 贵州(9) | 5 | 55.6 | 1 | 11.1 | 1 | 11.1 |
| 23 | 天津(16) | 8 | 50 | 0 | 0 | 0 | 0 |
| 24 | 山西(11) | 5 | 45.5 | 1 | 9.1 | 0 | 0 |
| 25 | 海南(9) | 4 | 44.4 | 0 | 0 | 0 | 0 |
| 26 | 新疆(14) | 6 | 42.9 | 0 | 0 | 0 | 0 |
| 27 | 甘肃(14) | 5 | 35.7 | 0 | 0 | 2 | 14.3 |
| 28 | 内蒙古(12) | 3 | 25 | 0 | 0 | 0 | 0 |
| 29 | 黑龙江(13) | 3 | 23.1 | 0 | 0 | 0 | 0 |
| 30 | 青海(8) | 1 | 12.5 | 0 | 0 | 0 | 0 |
| 31 | 西藏(8) | 0 | 0 | 2 | 25 | 0 | 0 |
| 32 | 新疆生产<br>建设兵团(14) | 0 | 0 | 0 | 0 | 0 | 0 |

　　32个省(区)中,17个省的地(市)级文化馆网站开通率超过了平均开通率(63.8%),14个省的地(市)级文化馆微信开通率超过了平均开通率(23.8%),8个省的地(市)级文化文化馆微博开通率超过了平均开通率(12.2%),区域不均衡现象突出。17个地(市)级文化馆网站开通率较高的省份中,有9个集中在沿海地区,占了一半以上,4个位于中部,4个位于西部。

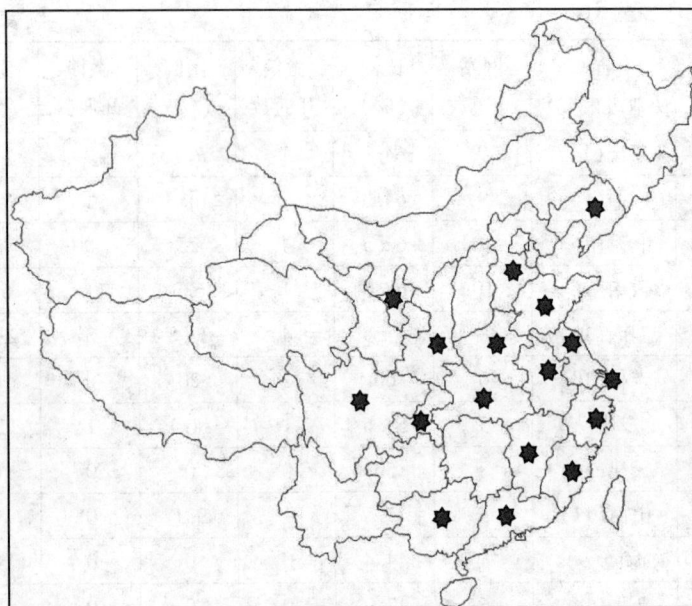

图 1-1　地市级文化馆网站开通率较高的省份示意图<sup>①</sup>

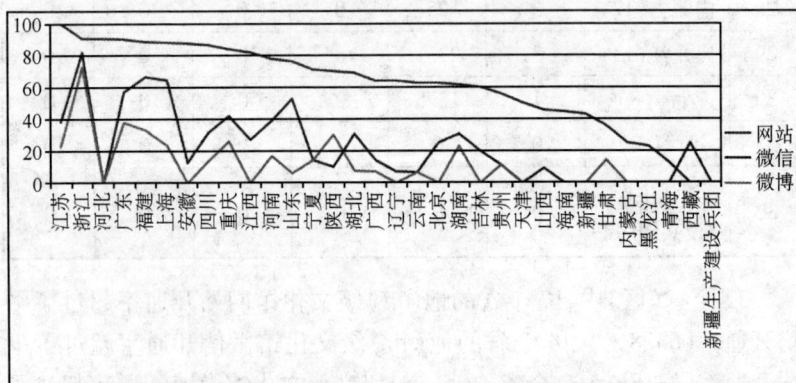

图 1-2　各省(区)地(市)级文化馆网站、微信、微博开通率(%)示意图

---

①　开通率较高指高于全国地(市)级文化馆网站平均开通率。

将各省地(市)级文化馆网站开通率从高到低排列时,相应省份地(市)级文化馆微信、微博开通率与网站开通率有一定的趋同性,尤其是微信与微博开通率的趋势呈现趋同性。除西藏自治区地(市)级文化馆的微信开通率高于网站外,其他省地(市)级文化馆的微信开通率均低于网站开通率。

## 二、县(区)级文化馆网络平台建设现状

表1-3　县(区)级文化馆网站、微信、微博开通情况

| 地区 | 省<br>(县的数量) | 网站 | | 微信 | | 微博 | |
|---|---|---|---|---|---|---|---|
| | | 数量 | 比例(%) | 数量 | 比例(%) | 数量 | 比例(%) |
| 东部 | 江苏(103) | 68 | 66.0 | 15 | 14.6 | 4 | 3.9 |
| | 辽宁(100) | 17 | 17 | 4 | 4 | 0 | 0 |
| 中部 | 湖北(102) | 29 | 28.4 | 2 | 2.0 | 3 | 2.9 |
| | 山西(121) | 27 | 22.3 | 8 | 6.6 | 1 | 0.8 |
| 西部 | 陕西(108) | 54 | 50 | 9 | 8.3 | 6 | 5.6 |
| | 贵州(91) | 35 | 38.5 | 1 | 1.0 | 0 | 0 |

按地区比较,西部、东部地区县(区)级文化馆网站开通率高于中部。县(区)级文化馆网站开通率最高的省份出现在东部,最低也在东部,表明县(区)级文化馆网站建设在东部地区各省之间也存在着显著差异。

与省(区)级、地(市)级文化馆相比较,除江苏省、陕西省县(区)级文化馆网站开通率接近地(市)级文化馆网站平均开通率外,其他各省县(区)级文化馆网站开通率均较低。六省县(区)级文化馆网站平均开通率也只有36.8%。

相对于网站开通率,县(区)级文化馆微信、微博开通率普遍较低。江苏省县(区)级文化馆微信开通率最高,也不足15%,陕西省县(区)级文化馆微博开通率最高,仅为5.6%。其中微信开通率整体上高于微博。

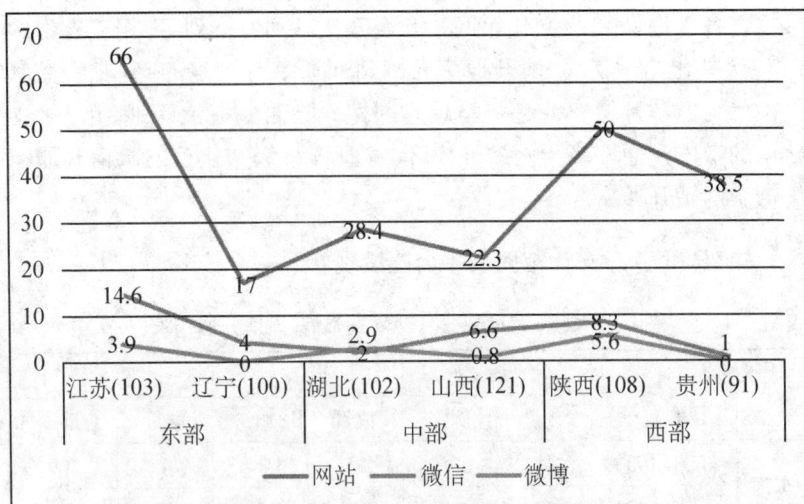

图 1-3　县(区)级文化馆网站、微信、微博开通率(%)示意图

与省(区)级、地(市)级文化馆相比较,县(区)级文化馆微信、微博开通率差距显著。

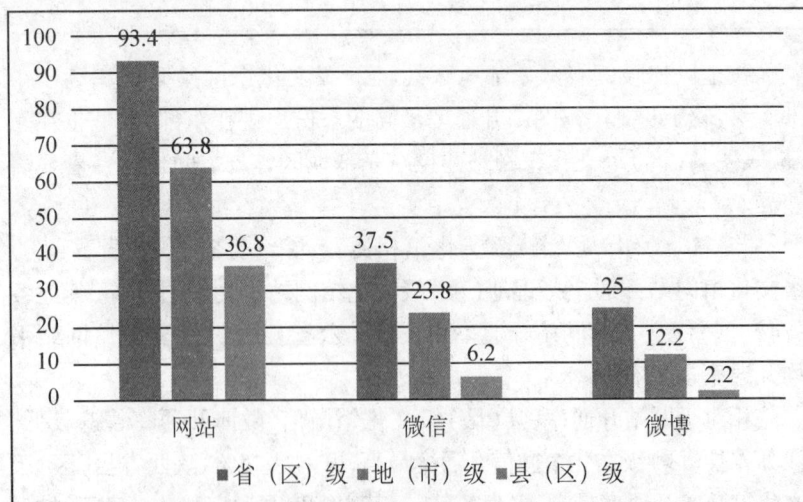

图 1-4　各级文化馆网站、微信、微博开通率(%)比较

### 三、数字文化馆网络平台的功能分析

1. 文化馆网站的一般功能

文化馆网站是文化馆信息门户,是文化馆各项信息传播、数字资源利用、创新服务开展的主要渠道。根据在调研过程中的了解,目前文化馆网站普遍具备的功能主要有文化馆基本信息、文化馆服务内容介绍、文化馆数字化资源提供、非遗信息提供与项目展示、意见征询与需求反馈等。

(1)文化馆基本信息。文化馆基本信息是用户了解文化馆乃至公共文化服务的重要窗口,主要是对文化馆基本情况的介绍。一般来说,包括文化馆历史沿革、组织架构、现任领导、地址、场馆布局、功能职责、主要成就、重点和特色服务项目简介等。

(2)文化馆服务内容介绍。主要包括服务宗旨、服务项目、服务时间、文化艺术活动通告等四项。文化馆服务内容的网站公告,是公众便捷了解文化馆各项服务和活动的重要途径,也是文化馆宣传和推广服务、扩大活动参与的重要渠道。

(3)数字资源提供。目前,文化馆数字资源从形式上来说主要有图片、音频、视频。从来源看,主要有三种:一是文化馆各类文化艺术活动中产生的各种作品,二是公众上传的各类文艺作品,三是文化共享工程提供的数字资源。公众可通过网站在线浏览、观看、欣赏甚至下载。从调研结果来看,各级文化馆网站普遍提供数字资源的比例均达 75% 以上,其中地(市)级文化馆提供数字资源网站的比例(83.4%)略高于县(区)级、省(区)级文化馆。

表1-4 提供数字资源的文化馆网站数量和比例

| 省(区)级(30) | | 地(市)级(272) | | 县(区)级(230) | |
|---|---|---|---|---|---|
| 数量 | 占比(%) | 数量 | 占比(%) | 开通 | 占比(%) |
| 23 | 76.7 | 227 | 83.4 | 179 | 77.8 |

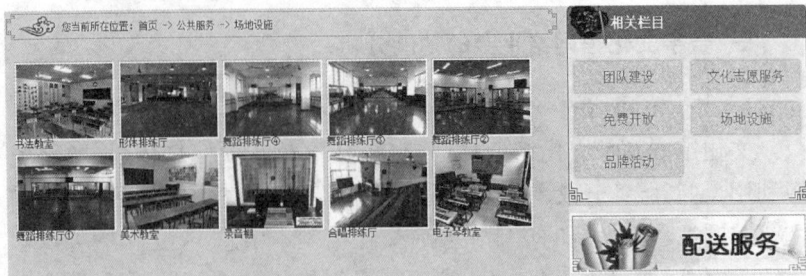

图1-5　重庆北碚区文化馆网站服务内容介绍

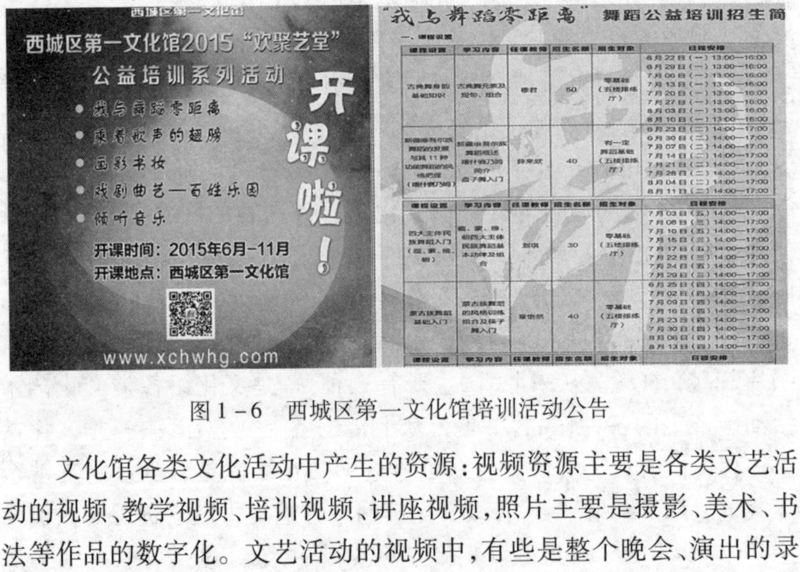

图1-6　西城区第一文化馆培训活动公告

文化馆各类文化活动中产生的资源:视频资源主要是各类文艺活动的视频、教学视频、培训视频、讲座视频,照片主要是摄影、美术、书法等作品的数字化。文艺活动的视频中,有些是整个晚会、演出的录像,有些是某个表演作品的录像,有些将整个晚会、演出切分成了多个小视频。教学、培训视频主要是文化馆所聘请的专职人员对某一方面的文化艺术内容进行培训的录像。讲座视频是文化馆邀请专家、学者进行专题演讲,并将演讲过程进行录像,上传到网站。照片展示的作品主要是文化馆曾经举办的展览中的一些精品、民众上传的作品,文化馆会对这些作品进行介绍,提供作者、鉴赏信息。

图1-7 北京市西城区文化馆网站数字资源

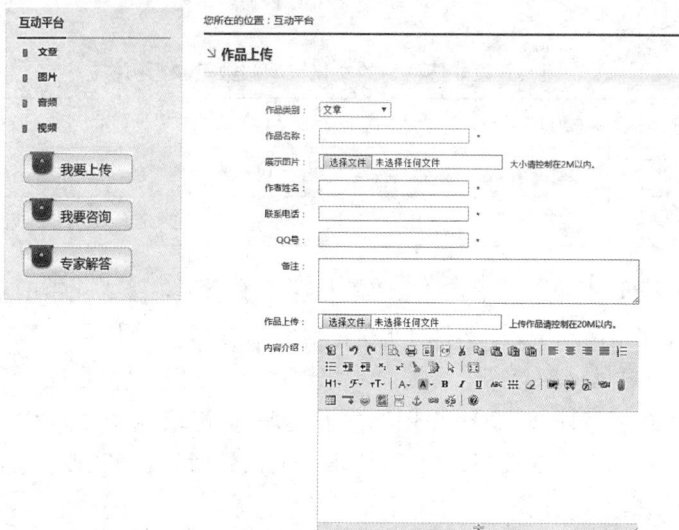

图1-8 浙江省文化馆用户"作品上传"网页

公众上传作品是文化馆设置了公众可以上传个人作品的栏目,上传后经过文化馆审核后,公布在文化馆网站上,供所有人欣赏,为公众提供了自我表现的平台。

文化共享工程的数字资源也是文化馆数字资源的重要来源之一。有些文化馆链接了文化共享工程提供的数字资源,向公众介绍和推荐。

(4)非遗信息提供与项目展示。非物质文化遗产保护和传承作为文化馆的一项职能,也受到了文化馆的重视。通过调研课题组发现,部分文化馆网站建立了专门的非遗栏目,栏目内容以非遗法规、非遗项目介绍、传承人信息、非遗动态为主。非遗法规主要列举了国家、省、市、县的非遗法律法规或政策;非遗项目介绍一般按国家级、省级、地(市)级、县级项目进行分别列举,有些还详细介绍了非遗项目的制作过程,拍摄了视频;传承人栏目的介绍以文字或视频的形式介绍传承人;非遗动态一般是非遗活动的消息和新闻报道。

表1-5 开设非遗栏目的文化馆网站数量和比例(%)

| 省(区)级(30) | | 地(市)级(272) | | 县(区)级(230) | |
|---|---|---|---|---|---|
| 数量 | 占比(%) | 数量 | 占比(%) | 数量 | 占比(%) |
| 17 | 56.7 | 187 | 68.8 | 154 | 67.0 |

从表1-5可以看出,非遗传承与保护受到了各级文化馆的重视,各级文化馆网站中,开设专门非遗栏目的均占55%以上。

(5)意见征询与需求反馈。文化馆网站为用户提供意见、需求反馈的方式有多种,如QQ、在线留言、问卷调查、论坛等。其中使用在线留言方式的文化馆较多,一般需要填写的信息就是名字、邮箱、建议内容,在线提交即可。

表1–6　开设意见征询与需求反馈栏目的文化馆网站数量和比例(％)

| 省(区)级(30) | | 地(市)级(272) | | 县(区)级(230) | |
|---|---|---|---|---|---|
| 开通 | 占比(％) | 开通 | 占比(％) | 开通 | 占比(％) |
| 12 | 40 | 168 | 61.7 | 135 | 58.7 |

表1–6中的数据表明,文化馆较重视民众意见与需求的征询与反馈,省(区)级文化馆网站的征询反馈栏目设置率达到40％,地(市)级、县(区)级的征询反馈栏目设置率均超过了55％。

2. 文化馆网站的特色功能

通过调研课题组发现,目前有一部分文化馆对其网站的功能已经有所开拓和创新,形成了一些特色功能,概括来看主要有以下三项。

(1)线上活动平台。通过文化馆线上活动平台,公众可随时随地在线参与文化馆举办的各项活动。目前已出现的主要有线上活动开展、网上报名等。苏州市公共文化中心举办的网络歌手大赛即为线上活动开展的代表,参赛者先将自己的演唱作品上传到网上,由大众进行投票,依据得票数产生参赛选手,参加现场演唱比赛。

表1–7　开设线上活动平台的文化馆网站数量和比例

| 省(区)级(30) | | 地(市)级(272) | | 县(区)级(230) | |
|---|---|---|---|---|---|
| 开通 | 占比(％) | 开通 | 占比(％) | 开通 | 占比(％) |
| 13 | 43.3 | 62 | 22.7 | 15 | 6.5 |

线上活动平台的设立在省(区)级文化馆网站的比例相对较高(43.3％),其次是地(市)级文化馆,县(区)级文化馆最低(6.5％)。

网上报名参与文化馆活动是目前线上活动平台的主要功能。文化馆活动众多,有培训、讲座、演出等,文化馆一般会向公众提供提前预约,公众在网上提供姓名、联系方式等信息就可以提交预约,文化馆会对报名参与者进行筛选和通知。如上海市群众艺术馆在"2015上海市民文化节"中采用了网上报名的方式,市民可报名参加其中任一项目。

首页　新闻动态　区县广角　服务信息　精彩视点　活动查询　赛事聚焦　官方微博

在线报名　查询参赛编号　②帮助

请选择您想参赛的项目：　和　您所参赛的区域：　社区中心位置

市民合唱大赛　▼　区县　▼　浦东新区　▼　三林社区文化活动中心　▼

**2015上海市民文化节合唱大赛**

比赛细则

团队名称：

所属区县/系统：

所属街镇/单位：

成立时间：

成员人数：　　人

平均年龄：　　岁

领队姓名：

图1-9　上海市群众艺术馆"2015上海市民文化节在线报名"网页

（2）网上讲座、培训视频。文化艺术普及是文化馆的重要职能之一，目前已有一些文化馆如无锡市文化馆、浙江省文化馆在开办文化艺术培训班、讲座的同时，将此类培训课程、讲座摄制成为教学视频，在网站上开辟专栏，供公众线上观看和学习。但现有此类教学视频数量少，并且由于时间长、形式呆板、画面质量不高、缺乏互动等原因效果较差，点击量和观看量也很少。

（3）业务培训。文化馆承担着对下级文化工作者特别是基层文化工作人员的业务指导、培训职责。目前已有一些文化馆，在现场教学培训的基础上，建设了远程网络业务培训系统，实现文化工作者远程在线学习、接受辅导和培训。如张家港市文化馆的"网格平台"就是专门针对基层文化工作者即网格文化员和网格辅导员构建的业务辅导和交流系统，通过该平台，网格文化员可获得专职老师一对一的远程辅导，网格文化员和网格辅导员也可共同交流和探讨业务问题。

您所在的位置：网上课堂

| | |
|---|---|
| ·百家讲坛《瓷中神话元青花》 | 2015年08月25日 |
| ·排舞教学视频《棒棒》 | 2015年06月29日 |
| ·王全吉《公共文化服务创新策略》 | 2015年06月01日 |
| ·排舞教学视频《亲爱的》 | 2014年06月16日 |
| ·排舞教学视频《高于生命》 | 2014年06月16日 |
| ·排舞教学视频《石头剪刀布》 | 2014年06月16日 |
| ·排舞教学视频《失落的歌剧》 | 2014年06月16日 |
| ·排舞教学视频《海蒂》 | 2014年06月16日 |
| ·排舞教学视频《手舞足蹈》 | 2014年06月16日 |
| ·排舞教学视频《燃烧的地板》 | 2014年06月16日 |
| ·排舞教学视频《玛丽亚》 | 2014年06月16日 |
| ·排舞教学视频《不同的路》 | 2014年06月16日 |
| ·排舞教学视频《朱迪喜欢摇滚》 | 2014年06月16日 |
| ·排舞教学视频《男儿本色》 | 2014年06月16日 |
| ·排舞教学视频《点击》 | 2014年06月16日 |

图 1-10 浙江省文化馆"网上课堂"网页

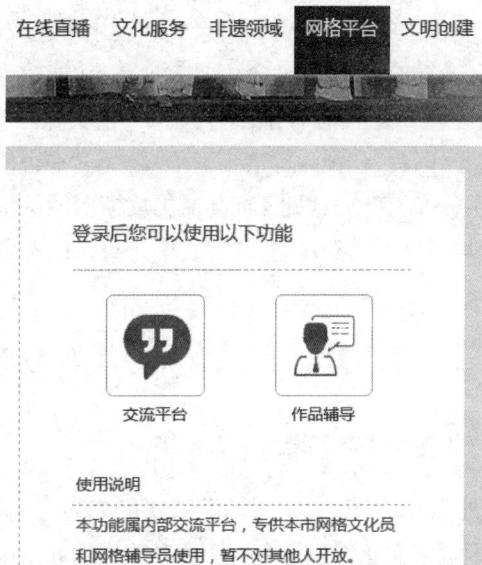

在线直播 文化服务 非遗领域 网格平台 文明创建

登录后您可以使用以下功能

交流平台    作品辅导

使用说明

本功能属内部交流平台，专供本市网格文化员
和网格辅导员使用，暂不对其他人开放。

图 1-11 张家港市文化馆"网格平台"首页

3. 文化馆微博、微信的应用分析

上文述及,我国各级文化馆的微信、微博开通率都比较低,且微博低于微信。目前来看,文化馆微信公众号和微博的功能主要是发布消息、组织报名、活动欣赏和分享。

发布各类消息是文化馆微信公众号、微博的普遍功能。一些文化馆微信公众号开设了在线报名功能,可以将报名的进展实时呈现,方便了文化馆的工作,方便了公众参与,也方便了文化馆活动的组织;活动欣赏主要指在活动进行的同时或结束后,通过微信公众号和微博发布活动的照片、视频、文字报道等,公众运用个人微信、微博转发、分享这些照片、视频、文字报道,也可扩大文化馆活动的影响。

微信、微博可与网站相互连接。但通过调研课题组发现,大多已开设微信公众号和微博的文化馆,在其网站上并没有将该馆的微信公众号、微博做链接,需要另行搜索才能发现和关注。

总体来看,我国数字文化馆网络平台的建设水平还较低。除网站开通率较低,微信、微博应用较少外,还主要表现在:功能较少,更多功能亟待开发;网站内容更新少且滞后;数字资源少,以文化馆活动相关的图片、音视频为主,且图片、音视频等清晰度不高;线上平台使用少,以简单的报名信息为主,缺乏互动;意见征询与需求反馈以网上留言为主,回复不及时,且多为提供问题的解决途径线索,不是直接回答和解决问题。

## 第二节　数字文化馆实体空间建设现状

### 一、数字文化馆实体空间调研

2015 年 7 月 22—28 日,北京大学国家现代公共文化研究中心课题组对目前在我国数字文化馆建设中处于领先地位的苏州市文化馆、张家港市文化馆、马鞍山市文化馆的数字实体空间(区)进行了实地调研。

1. 苏州市公共文化中心数字空间

苏州市公共文化中心成立于 2011 年 9 月,由苏州市委市政府将原有的文化馆、美术馆、名人馆等八家机构整合而成。苏州市公共文化中心在数字文化空间方面的主要成果包括美术馆数字互动墙以及名人馆中的多种数字设施。

(1)美术馆大型数字互动墙。苏州市美术馆拥有众多藏品,其中多件藏品为国家一级文物,但由于场地有限、展览要求、藏品保护等原因,每年只能向公众展览藏品中很小的一部分;同时实体展览要求观众必须到场才能看到展品,这些都制约了美术馆社会效益的最大化,为此苏州市公共文化中心(苏州市美术馆)在调研的基础上,建设了数字互动墙——不受时间、空间限制为公众提供美术作品展览。

该数字互动墙由 16 块高清液晶显示器拼接而成,以数字方式全面展示馆藏艺术品。展示的作品包括苏州市公共文化中心馆藏艺术品和曾在美术馆展览过的精选作品,共有油画、粉画、版画等 2000 余件。

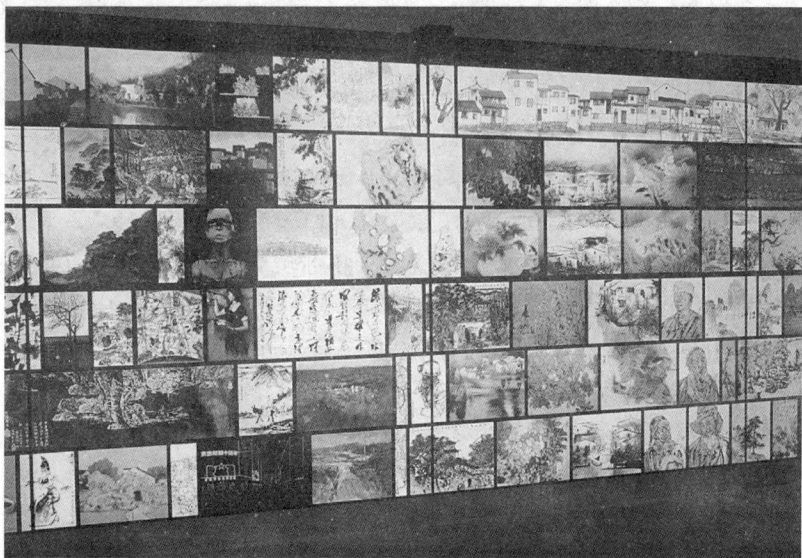

图 1-12　苏州市美术馆大型数字互动墙

互动墙采用了有动作捕捉系统的雷达眼技术和人体感应技术，可实现多点触控，体验感强。参观者可隔空用挥手、手指停留等方式进行操作。对于自己喜爱的作品，参观者可"点赞"，还可用智能手机、平板电脑等移动终端扫描二维码下载作品。

互动墙具有数据采集功能。互动墙带有的数据库功能可以在后台进行观众行为采集，统计分析观众的喜爱偏好，为美术馆今后开展相关业务提供参考数据。

（2）名人馆多种数字设施。苏州市名人馆运用多种技术手段营造数字氛围，对名人的展示、展览、教育、宣传达到了很好的效果。

**纱幔投影**。位于名人馆序厅，使用投影机将视频内容投影到纱幔投影介质，再通过软件桌面融合，打出 1450mm×4295mm 的非常规比例画面。视频的播放、关闭和染色灯的开启、关闭均通过特殊播放软件和控制软件实施。画面内容以"这方水土养育这方人"为概念，用写意水墨画风格为承载形式，以简约、典雅的方式，突出简约、富有意向性的画面，通过水墨效果的淡入淡出以及造型场景的形成与消散演变效果，并辅以古朴悠扬的古典音乐，呈现古城苏州的历史文化和人文底蕴。

**LED 拼接显示系统**。该系统使用 3240 片单片尺寸为 192mm×96mm 的 LEDP6 一灯驱合单片板，整个 LED 环幕面积为 59.72 平方米，高 1.92 米，长 31 米。画面内容除了将苏州 445 位名人头像进行逐一展示外，更通过三维仿真视频的制作将有两千五百多年历史的苏州历史文化大背景和典型的历史事件、重要名人进行表现。

**电解玻璃仿真投影系统**。该系统使用 4 台配广角镜头的松下 FD605 投影机，投影介质为由 8 块 1m×1.2m 的电解玻璃平铺而成的一面移动玻璃门，在玻璃墙内外各有一套用于捕获参观者动作的红外感应设备。当参观者走到感应区域，电解玻璃屏断电不透明，灯光关闭，播放第一段视频。视频播放完毕后，电解玻璃通电恢复透明，灯光

图 1-13　苏州市名人馆纱幔投影

开启,电解玻璃门打开。当参观者参观完毕走出玻璃门后,电解玻璃断电不透明,灯光关闭,电解玻璃门关闭,播放第二段视频。视频播放完毕后,整个展项恢复到起始状态。画面内容分为两块,视频一为建吴兴吴(先秦)历史大片,视频二为展示 8 位先秦至宋元时期重点的名人动态形象。

图 1 – 14　苏州市名人馆 LED 拼接显示系统

图 1 – 15　苏州市名人馆电解玻璃仿真投影系统

**电子河流互动感应系统**。本系统使用 4 台配有标准镜头的三洋 1060 投影机,以及四套互动感应设备,将影像画面投影到地面上,形成一条长达 7.5 米可供多人同时游玩的虚拟电子河流。体验者有肢体进入互动区域后,影像在相应位置产生水波效果,就仿佛体验者真的置身于湖面一般,带给参与者身临其境的感觉。当体验者用肢体接触到游动的小鱼时,小鱼会惊慌失措地跑开,躲避游客;当体验者互动产生水波的波纹波及荷叶或荷花的时候,荷叶和荷花会随着水波纹摇动起来,待水面恢复平静了,荷叶和荷花慢慢静止下来。

**姑苏繁华图投影成像互动演示系统**。整个展项共有 6 台配有广角镜头的松下 FD6054 投影机,3 块 1m×2.4m 的独立电解玻璃,3 块触摸感应膜组成。展项起始状态为电解玻璃通电透明,墙面用三维动画的形式真实再现动态历史名画姑苏繁华图,画中人物都能走动。当参观者走到电解玻璃的前面,点击玻璃丝网印刷的小三角,相应的人物会从动态姑苏繁华图上显现出来,且越来越大,给透过玻璃观看的参观者一种名人从画中走向自己的感觉。当人物走到真人大小的时候,该人物画面从墙面转移到对应的电解玻璃屏上,此时电解玻璃断电不透明,出现影像,参观者可根据自己的需要在影像上查询自己感兴趣的部分。为实现展项的人性化设计,系统设定半分钟没有人触摸电解玻璃,则整个展项恢复原始状态。可供多人同时操作,并互相不干扰。

**状元之路互动投影**。该展项是一个动态答题系统程序,使用 4 台配有短焦镜头的三洋 1060 投影机,以及四套互动感应设备,将题目影像投影到地面上牌坊内供参观者游玩。当有人进入感应区域,则激发第一道题目显示,参观者根据自己的判断将脚踩到觉得正确的答案选项上面,系统会及时分析对错进行第二个画面的显现。无论回答是否正确,都会有动态画面提示。若全部回答正确,则地毯卷轴到画面顶端,整个画面内容恢复到屏保状态。

图 1 - 16　苏州市名人馆电子河流互动感应系统

图 1 - 17　苏州市名人馆状元之路互动投影

图 1 – 18　苏州市名人馆姑苏繁华图投影成像互动演示系统

2. 张家港市文化馆数字文化体验空间

张家港市文化馆的实体数字文化体验空间 2014 年始建,2015 年 8 月投入试运行。主要有舞蹈教学、数字摄影教学、数字书画桌、互动拍照、数字音乐、数字图书馆等项目。

**舞蹈教学**。体验者可以互动查询群众喜闻乐见的广场舞、东北秧歌、爵士舞、西藏舞等几种舞蹈的知识、技巧等,可以赏析相关舞种的视频影像资料。在教学模块中,体验者与授课老师的影像将采用 AR 即虚拟增强现实技术同步显示于投影屏幕中,通过直观的对比,使体验者能够清楚地了解到自己的舞蹈动作是否做得到位,节奏把握是否准确。地面互动游戏,儿童可以在投影中,通过跑动、跳跃等,进行竞赛、游戏等,在娱乐中,提升儿童的逻辑思维、身体协调能力和竞争意识。

**数字摄影教学**。体验者可通过左侧的互动触摸屏了解摄影的基础知识,并学习单反相机的使用技巧。在了解之后,打开面前的单反相机,通过触摸屏上的使用教程,一步步学习单反相机的使用技巧,自主控制学习的进程。

体验区还设置了不同的场景模式,使体验者可以学习各种情景下的拍摄技巧,例如逆光下、强光下、夜晚等不同光线条件,静态画面以及动态捕捉等各种技巧。各种模式均可通过触摸屏及旁边的集成面板实现一键式简单控制。

图 1-19 张家港市文化馆数字文化体验空间摄影体验区

**数字音乐**。体验者可以通过触摸屏互动查询歌唱艺术的基本特点和表现形式,并赏析中外经典美声歌曲、流行歌曲、民歌经典、戏曲经典和歌剧经典。并通过视频教学提供歌唱的气息、气息和歌声的结合以及中声区练习示范的基础教学。

体验者通过乐队体验模块,可几人一起,共同通过电子吉他、架子鼓等乐器及混音设备,打造自己的乐队并录制歌曲。

图1-20 张家港市文化馆数字文化体验空间音乐体验区

**数字书画桌**。通过数字书画教学体验桌软件,体验者可以通过自己互动点选,了解自己希望学习的书法知识、赏析自己欣赏的名家名帖。体验者可以通过三种方式进行同步学习、临摹:一是在数字书画教学体验桌右侧铺上宣纸,然后对照左侧显示屏中的教学方法及字帖进行学习、临摹;二是直接将宣纸铺在显示屏上进行临摹;三是直接通过互动触摸进行临摹,系统将根据临摹结果进行评分。这一功能还具备扩展性,可实现全平台联网,进行实时书画教学、书画作品上传、书画比赛等。

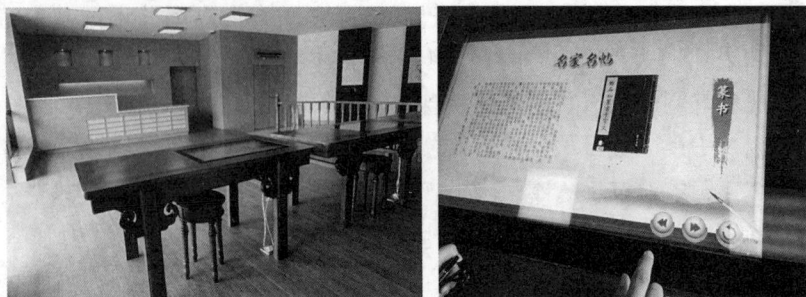

图 1 – 21　张家港市文化馆数字文化体验空间书画体验区

**互动拍照。** 体验者可通过触摸屏幕选择自己喜欢的背景画面，在以蓝厢为背景的现场抠图基础上，系统可自动完成对焦、拍摄、抠像等程序，获得身临其境的照片，同时可以使用微信扫描二维码即时获取照片分享到朋友圈，当然也可以选择打印出来。

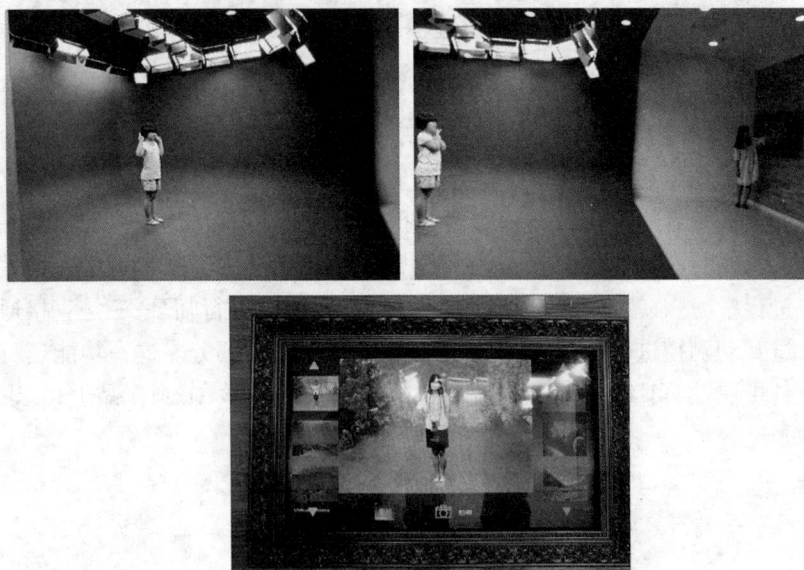

图 1 – 22　张家港市文化馆数字文化体验空间互动拍照区

**数字图书馆**。由两块可触摸大屏组成,全称为"数字有声图书馆"。左侧大屏中有团队风采、文化场馆、文化资讯等信息,"文艺作品"则为群众文艺作品的数字化展示(含图片、音频、视频等),并含有声读物、养生保健、儿童教育、家庭顾问等音视频、电子书资源,皆可通过微信扫描二维码下载到手机、平板电脑等移动设备中。左侧大屏中则有文学、经管、艺术、国学、教育、生活、少儿、娱乐 8 个类别的电子书资源,同样也可扫描二维码下载。

图 1-23　张家港市文化馆数字文化体验空间数字图书馆

### 3. 马鞍山市文化馆数字文化线下体验馆

马鞍山市文化馆在中国率先开展了数字文化馆建设工作,系全国首批五个"数字文化馆"建设重点项目之一。数字文化线下体验馆于 2015 年 1 月在市文化馆正式开工建设,9 月建成并试运行。马鞍山数字文化体验馆建筑面积 660 平方米,共有文化驿站、渊源流传、大师指路等十大区域,以虚拟场景、裸眼 3D、全息投影、影像捕捉和微信分享等现代技术手段,将诗城文化信息展播、诗词吟诵互动、非遗民俗展示、美术书法临摹、电影主角互换、戏剧场景模拟、器乐即时培训、舞蹈体验学习和在线远程辅导等有效融合。

**文化驿站**。此区域放置了公共文化服务一体机和全国文化信息共享工程的中国文化网络电视,为参观者提供点播服务。

图 1 - 24　马鞍山市数字文化线下体验馆"文化驿站"

**渊源流传——诗词吟诵互动。**根据马鞍山"诗城"的文化渊源设置,运用拼接 LED 大屏,展示了历代诗人在马鞍山留下的诗歌,参观者不但可以通过隔空点击收听诗歌朗诵,还能查看诗歌的写作背景、诗人介绍、诗词赏析等,并能"点赞"以及扫描二维码下载。该屏可同时供 6 名市民进行诗词点击欣赏。

**民俗风情——非遗民俗展示。**该系统由两块屏幕组成,下方小屏为可触控操作屏,参观者可在该屏浏览、选择非物质文化遗产民俗项目,播放内容实时投影到上方大屏,参观者通过大屏观看非物质文化遗产民俗项目展示文字、图片和视频。

图 1 – 25　马鞍山市数字文化线下体验馆"渊源流传"

图 1 – 26　马鞍山市数字文化线下体验馆"民俗风情"

**大师指路——美术书法临摹**。该系统由两块屏幕组成，下方小屏为可触控操作屏，参观者可在该屏选择不同的字帖、字体，并选择不同粗细的虚拟毛笔，参照字帖摹写文字，所写文字实时在大屏中显示。完成后，可扫描二维码下载到个人手机或平板电脑。

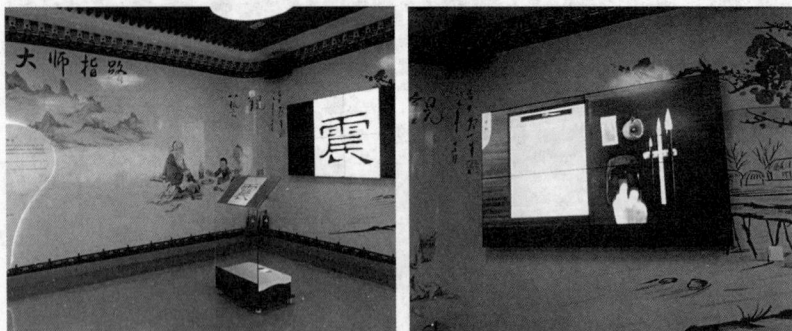

图 1-27  马鞍山市数字文化线下体验馆"大师指路"

**超级主角——电影主角互换**。借助该互动项目提供的多个经典电影，以及数字抠像技术和动态图像融合技术，体验者可用自己的形象和动作替代电影主角，"参演"经典电影。体验者可以将最终生成的趣味短片下载到自己的移动设备中。

**经典再现——戏剧场景模拟**。该项目与"超级主角"类似，体验者更能够亲身穿上现场提供的戏服，通过屏幕跟名家学习戏曲，并能将自己的演唱视频进行录制，还能通过扫描二维码下载。

**舞动青春——舞蹈体验学习**。该项目运用动作捕捉技术，体验者可跟随屏幕中播放的教学视频进行舞蹈学习，体验者的动作也实时在屏幕中显示，可与教学视频对照，修正自己的动作。系统同时也对体验者的舞蹈全程录制，供体验者下载。

**指尖天籁——器乐即时培训**。该项目运用动作红外感应技术，体验者通过手部动作虚拟拨弹"乐器"，数字虚拟乐器根据体验者动作实时发出相应声音，实现乐器演奏的虚拟体验。

图1-28　马鞍山市数字文化线下体验馆"经典再现"

**在线远程辅导培训。**马鞍山文化馆数字文化体验区的辅导培训教室，不但可以实现中心馆培训在各分馆的实时在线直播，同时还能将这些培训视频进行录制，上传到网站提供公众回溯学习观看。而在线辅导系统能够实现专职教师和基层文化工作者的视频交流，随时进行业务辅导。

**二、数字文化馆实体空间的功能分类**

根据调研，文化馆数字实体空间现有功能可概括为以下四类。

1. 作品展示、欣赏与获取

通过数字显示屏将文化馆的数字资源展示给观众，是目前文化馆数字实体空间建设的重要内容。这些数字资源包括：外部资源，如文化共享工程的资源；文化馆自建的资源，如马鞍山文化馆建设的跟马鞍山有关的古代诗歌库；还有文化馆举行展览后，将展品数字化形成的资源，如苏州市美术馆将举办过的画展中的精品数字化后建成的资源。运用数字技术和数字设备，文化馆既可以实现数字资源的永久展示以及公众的数字化浏览、欣赏，还可以通过扫描二维码等方式提供数字资源的下载和保存，使公众现场获取其喜爱的资源。

**2. 艺术体验教学**

艺术普及是文化馆重要的职能之一。文化馆应用数字技术和数字设备为公众提供各类艺术的体验和教学，可提升书画、摄影、舞蹈等艺术体验的趣味性和直观性，也有利于提高其学习效果，是文化馆开展艺术普及的有效方式之一。目前文化馆数字实体空间应用该类数字设备也较多，马鞍山市文化馆和张家港市文化馆的数字实体空间中均有专门的艺术体验教学区域。以书法体验教学为例，马鞍山市文化馆提供了书法的模拟书写，将体验者需要临摹的字展现在数字屏幕中间，屏幕的右侧是细、中、粗三根虚拟的毛笔，体验者点击相应的毛笔后，会播放研磨的过程，然后毛笔会出现在临摹字的位置，用手指在屏幕上划过，毛笔就会跟随手的动作写下相应的笔画；而张家港市文化馆则是将要临写的字呈现在数字屏幕中，屏幕的右侧是实体的桌子，体验者需要用实际的毛笔等书写工具书写。

**3. 数字交互体验**

通过数字投影技术、数字成像技术、动作感应捕捉技术、现实增强技术等数字技术的运用，营造现实和虚拟相融合的场景，可以让参观者获得新奇、有趣的体验。现已建成的文化馆数字实体空间中也大多引入了数字交互体验。如马鞍山市文化馆的"超级主角"项目，将体验者实际行动产生的视频嵌入、整合到影视场景中；又如苏州市名人馆的"状元之路"，参观者只需简单的肢体动作，就可进行问题的回答。将数字交互体验与资源展示欣赏、艺术体验教学相结合，可有效提升这些项目的效果。

**4. 数字课堂**

举办各类面向公众的文化艺术培训班和开展基层文化工作者辅导培训，都是文化馆工作的重要内容。运用数字通讯和传输技术构建"数字课堂"，可实现多地点远程实时培训和辅导。目前马鞍山文化馆的数字实体空间中建设远程辅导培训教室，应用了类似于在线视频会议的系统，中心馆在进行培训时，可以与多个分馆进行连接，实现课程教学的现场直播,在分馆的学习者可以即时向授课老师提出问题和要求。张家港文化馆数字实体空间中的"舞蹈教学"区也有此类"数字课堂"的功能。

从调研情况来看,目前我国文化馆数字文化体验空间的构建还刚刚起步,在功能设置、技术应用、设备研发、区域划分、环境营造等方面都应继续探索和创新。

# 第二章 数字文化馆网络平台建设

数字文化馆建设是文化馆发展与时俱进的必然选择，是促进公共文化服务均衡发展、普遍均等全覆盖的必然选择，是丰富公共文化产品、提升服务效能的必然选择，更是满足公众日益多样的精神文化需求的必然选择。网络平台和数字实体空间是数字文化馆建设的两项主要内容。

目前我国文化馆数字化建设和服务的水平还比较低。文化馆网站开通率不高，微信、微博应用不多，功能也较少。加强数字文化馆网络平台建设，应在现有基础上，充分借鉴国内外公共文化机构如图书馆、博物馆等在数字化建设和服务方面的经验，以公众需求为导向，以文化馆各项职能为核心，探索各类文化服务的数字化、网络化提供和获取、享受，运用数字化手段提升文化馆公共文化服务的效能。

所以数字文化馆网络平台建设，即是充分利用数字技术和网络技术构建线上文化馆，将管理和激励、资源建设和提供、活动开展和参与、培训和辅导、宣传和推广、评价和反馈等多系统、多功能集成并拓展，公众可通过多种网络终端便捷、高效地获取和享受文化馆综合服务。

## 第一节 服务预约

### 一、现状

目前，已有一些文化馆开始开展服务的网上预约，概括起来有三种类型。

首先是文化馆开展的免费艺术培训辅导接受网上报名。每个艺术培训班的信息都在网上公开,包括艺术培训班的开班时间、已经报名的数量、报名的余额,如果报名的人数满额,网络将自动关闭该个培训班的网上报名。这样就不会出现各地上报的报名人数远远超过培训班所能容纳人数的问题。如无锡市、常熟市文化馆等都通过文化馆门户网站开展了公益培训的网上报名服务。

其次是文化场馆的网上预约。文化馆的排练厅、活动室、影剧院、数字体验馆等文化场馆免费向市民开放,用户只要登录文化馆网站或移动应用,就可以看到各场馆预定情况,并通过简单的网上操作,实现排练或演出的场次预定。如张家港市文化馆已通过微信开展了数字文化体验空间的网上预约体验服务。

最后是文化馆演出、讲座、展览票的网上预约。一些文化馆也实现了演出、讲座、展览等免费文化活动的网上座位预订或者"抢票"。如北京市东城区公共文化服务导航网就实行通过电脑摇号的方式送出公益演出票,公众可通过登录注册、预约选戏、等候抽取、短信告知等环节获得赠票。苏州市公共文化中心、贵州省文化馆等也通过微信赠票的方式,让用户进行讲座预约、演出票领取等。

目前公共文化服务预约的典型案例是嘉兴市的"文化有约"。"文化有约"是嘉兴市公益性文化场馆对免费开放的深化和创新,通过其公共文化产品"团购"网站(网址:http://whyy. jxcnt. com/)运行。

该网站根据"资源整合、科学管理、注重实用"原则,具有几大特点:一是采用项目管理模式,成立"文化有约"工作领导小组及项目管理办公室,出台《"文化有约"项目管理办法》,将各公益性文化场馆推出的公共文化产品打包上市,明确项目申报、监督、资金补助及奖励等环节;二是网站内容丰富,互动性强,网站整合全市公益性文化场馆的服务资源,推出了一批公共文化精品和服务项目,以团购形式提供服务,操作简便快捷,同时在网站上开通问卷调查及服务反馈功能,及时准确地掌握服务开展情况,提升服务质量;三是寻求多平台跨行业合作模式,走可持续发展之路,联系全市各级团组织、教育、旅游等各方面力量,高度整合全市文化资源;四是多渠道宣传平台的开发,"文化有约"除了网站之外,还开辟了移动客户端,同时也开通了新浪微博、腾讯微信等公众平台,多渠道及时发布讯息①。

图 2-1　嘉兴市"文化有约"平台

## 二、创新思路

文化馆服务的网上预约,首先可使文化馆的服务更加公平、透明,每个想要报名参加培训、利用场馆、观赏演出等的公众,都可以在有效期内,上网点击报名;其次是简单、便捷,网上操作各类服务的预约步骤简单,省时省力,公众可随时随地进行,同时实现了该环节的自动化管理,节省了文化馆的人力;最后,开展服务预约还可以从另一个层面上考察出某一类文化服务项目的受欢迎程度,可以使文化馆根据公众

---

① 王学思."文化有约":嘉兴创新公共文化服务模式[N].中国文化报,2014-08-22(08).

的实际需求调配服务,实现需求与供给的对接。

通过对目前国内文化馆服务预约功能的考察,结合对"文化有约"特点的分析,数字文化馆网络平台的服务预约功能可以从以下几个方面进行扩展。

1. 服务项目分类式、基层化、菜单化、定制化

分类式。借鉴"文化有约",将文化馆举办的各类文化活动"搬上"网络平台,推出辅导、培训、演出等免费项目,将文化服务通过主题进行分类,使其更加简明易用。

基层化。通过文化馆的总分馆体系,将面向基层的公共文化服务包括农村文化服务菜单进行整合,全部在文化馆网站上接受预约。

菜单化。通过服务预约,形成"用户点菜、业务单位配菜、按需送菜"的"菜单式"文化服务新模式,从开展服务的前期,到中期和后期都贯穿菜单式服务方式,真正使群众成为文化活动的踊跃参与者、积极推动者和直接受益者。

定制化。针对特定主题、地域特色、特别人群等开展相应的定制化服务。如针对各个节日、纪念日等开展专题活动,针对各类人员、特定社区开展不同主题的文化活动。

2. 服务产品多方式推介

"文化有约"引入了团购式服务供给界面,将所有活动资源包装成文化产品统一上架,让市民通过预约方式参与相关活动,抢名额要靠"秒杀"。文化馆网络平台也需借鉴这些较成功的商业平台的产品推荐模式,运用团购、秒杀、在线选座、限时体验、评价有礼等新型网络推广方式推广公共文化服务。

3."多元化"推广平台与应用

服务预约还要进一步拓展平台建设,发挥互联网、移动终端、数字电视等平台的作用,以数字文化馆的多平台、多应用作为宣传重点,借助传统媒体和新媒体各平台进行传播。将各类文化活动信息、赛事通知、展览资讯等整合汇总,高频度发送,保持服务平台的活跃度。针对

专业信息、特色活动，可以实施对应群体的精准推送。此外，还可以挑选优质的平台合作伙伴，借力助推自身资源、打包推广服务和产品。

4."多渠道"合作产品与服务

要进一步扩展服务项目，文化馆还可以与其他机构合作，大力鼓励社会力量参与，增加商业性文化机构的参与，将公共文化服务和商业性文化服务相结合，扩展文化消费的内容。嘉兴市"文化有约"平台集合了市青少年宫、市妇儿活动中心、市工人文化宫、市科技馆及多家民营机构参与，活动内容更丰富，活动形式更多样，既实现了资源整合，又形成了竞争效应。

5. 服务项目管理模式创新

文化服务应该建立新型的管理模式，以求达到"项目更合理、预约更便捷、质量更可控、服务更公平"的目标，规范服务项目的申报、审核、监督等流程，建立文化产品的评价反馈机制，公众可以对项目的服务质量做出反馈，并提出建议及个性化需求。

# 第二节　网上展厅

通过课题组的调查，截至 2015 年 10 月 20 日，在已经开通网站的文化馆中，省、市、县级文化馆网站的数字资源提供是一项普遍的功能，提供比率均超过 70%。目前文化馆的数字资源，从资源形式上来说主要包括音视频、照片等，提供方式主要是网上展示，公众可通过网络浏览和观看。

数字文化馆网络平台建设应着力提升数字资源展示效果，构建文化馆网络平台数字资源展示专区，即网上展厅，在互联网虚拟空间中对文化馆馆藏数字作品进行展示。

## 一、特点和优势

网上展厅的构建应将技术和艺术紧密结合，在设计制作中融入最新的虚拟技术以丰富表现手段,实现网络展示效果的突破和提升。其特点和优势主要在于以下几方面。

馆藏作品展示生动直观。网上展厅中的馆藏作品应配有高清晰度的图片,或制作精编的音视频文件,或精美的 3D 动画效果。网上展厅融入最新网络互动技术,以逼真的馆藏及应用环境展示,有效、快捷、全面地传播馆藏信息,比单纯的文字说明更加形象、直观。文化馆还能依据用户的不同需要对网上展厅进行有针对性的设计,最大限度地体现用户需求,充分展示文化馆特色。

突破时间和地域的限制。文化馆的实体展览、演出或者培训通常有固定的期限,展览、演出或者培训的面积、辐射人群也有限。而网上展厅由于其数字化、虚拟的性质,可以突破空间和时间的限制,24 小时开放,公众足不出户便可以随时浏览。

从单纯展示向互动交流转变。从互动性上,网上展厅可以利用多媒体技术,以文字、声音、图片、视频及 3D 模型等多种手段,增强展示的趣味性,同时也可通过打分、点赞、评论以及分享到公众个人社交媒体等方式,进行文化馆与公众和公众相互之间的互动交流,增强观众的参与感。

为文化馆宣传和推广提供便利渠道。网上展厅既是文化馆资源展示的重要方式,也可以作为馆藏和品牌推广的重要渠道。相比其他渠道,网上展厅具有受众面广、成本低的特点。如厦门文化馆的网上展厅,通过活动主题分类的方式,将文化馆举办的各式展览等活动展示在网上,不但可以延长展览时间,扩大作品的欣赏范围,为用户提供更加细致和方便利用的数字馆藏作品,还更加能够凸显活动的品牌,扩大文化馆的影响力①。

---

① 厦门市文化馆. 网上展厅［EB/OL］.［2016 - 02 - 28］. http://www. xm-whg. com. cn/wszt/.

图2-2　厦门文化馆"网上展厅"

## 二、展示内容

建立文化馆文化活动作品展示平台，可以将文化馆优秀的文学、摄影、书法、美术、音乐、戏曲、文艺汇演等文化艺术作品进行数字化保存、整理建库、在线欣赏和下载。

### 1. 经典作品

文化馆的网上展厅应该展出绘画、雕刻、建筑、文学、音乐、戏剧、舞蹈、电影等文化艺术的经典作品，并对这些作品进行介绍，提供作者、鉴赏信息。文化艺术经典作品具有典范性、权威性，是经久不衰的传世之作，是经过历史选择出来的"最有价值的"、最能表现艺术精髓的、最具代表性的、最优美的作品。经典作品传承至今，文化馆应该承担起积极推广经典作品的职能，让经典作品在现在特别是在年轻人中，依然不断显示其艺术中蕴含的永恒魅力，让经典作为一种历史智慧的载体和集锦，构成任何一个新时代文化发展和文艺创作的原点。

所以,文化馆网上展厅应促进经典的回顾,帮助公众欣赏经典、品味经典、解读经典、传承经典,从而最大化地促进文化艺术经典作品的普及。

2. 馆藏资源

文化馆日常开展各种文化文艺活动,这些活动的资料也就自然累积成了其馆藏资源。文化馆所收集的馆藏包括:整个晚会、演出的录像,有些是某个表演作品的录像;教学、培训视频,主要是文化馆所聘请的专职人员对某一方面的文化艺术内容进行培训的录像;讲座视频,是文化馆邀请专家、学者进行专题演讲,并将演讲过程进行录像;活动照片,主要是各类活动的现场照片;数字化的展览作品,文化馆经常举办各类展览,将展览作品进行数字化的制作,也是文化馆馆藏资源的重要来源。有些文化馆还将文化共享工程的资源作为本馆资源建设的一部分,提供文化共享工程的链接。

文化馆的馆藏资源是经过长期积累沉淀的。进行馆藏资源的网上展示,可以促进馆藏资源的收集、整理、数字化,方便保存和重复利用,还可以促进文化馆关注地域文化,梳理和收集地方资源形成独具风格的特色馆藏资源。

3. 群众作品

文化馆网上展厅也应展示来自群众自己创作并上传的作品。群众文化创作是群众文化活动的一个重要部分,是广大基层群众作为主体进行的文化文艺创作活动,包括绘画、书法、摄影、音乐、舞蹈、雕刻和民间工艺等,也是人们实现自我参与、自我娱乐、自我教育、自我开发的基层群众文化活动。鼓励群众创作,展示群众作品,不仅可以丰富群众的文化生活,提高群众的审美品位,还能繁荣群众的艺术创作,打造群众艺术精品。

文化馆应该通过各种活动,或者设置公众可以上传自己作品的专栏,鼓励公众上传和分享自己的作品,由文化馆在网上展厅公开展示,为公众提供自我表现的平台。

图 2-3 浙江省文化馆"网上展厅"

## 第三节 网上活动

目前,文化馆开展的文化活动基本都是线下的,文化馆网站也仅仅是针对开展文化艺术活动进行简单的网上报道。文化馆有必要利用网络平台开展线上活动,一方面,整合线上线下资源,搭建网上活动平台,打造创新性的线上群众文化活动,激发公众参与公共文化活动的热情,提高活动的水平和效能;另一方面,注重收集文化馆组织举办的各文化艺术活动中产生的群众文艺作品,并进行数字化制作,在文化馆网络平台予以展示。

### 一、网上活动组织

文化馆可以利用网络平台开展线上线下相结合的文艺比赛活动。

设定比赛主题和形式之后,可以利用微博、微信、网站等渠道进行宣传和报名。参与者上传参赛作品,在网络平台公开展示,接受公众的投票或点赞;依据投票数或点赞量产生入围者,进行线下的复赛和决赛;比赛过程同样利用网络平台进行直播,接受大众评分,从而扩大活动的宣传,增加活动的参与,增强互动性和公正性,提升活动的效果。苏州市公共文化中心举办的"我爱唱歌"网络歌手大赛就是运用这种方式,

图2-4　苏州市公共文化中心"我爱唱歌"首届网络歌手大赛

在网上经公众试听获得投票数多的参与者可以进入文化馆的数字音乐录音棚进行专业的数字音乐录制，参加线下比赛，并有机会成为文化馆正式演出活动的演员，实现了线下活动和线上活动的有机结合。

图2-5　苏州市公共文化中心数字音乐录音棚

## 二、活动作品展示

文化馆还应注重收集文化活动中的各类优秀群众文艺作品，并进行数字化制作，以图片、音频、视频等数字化形式，通过文化馆网络平台予以统一展示，并提供评论、点赞等互动功能。

同时，鼓励公众上传其创作的文艺作品。如，张家港市文化馆在其新版网站里开辟专门的栏目，栏目在特定时间段内会设定某主题，公众上传与主题相关的照片、视频、音频作品，并进行评论和点赞，据点击数量和点赞数量评奖并给予一定奖励①。这种做法值得广泛借鉴。

---

① 张家港市文化馆. 专题活动[EB/OL]. [2016-02-28]. http://www.zjg-whg.com/NewSpecial.aspx? type=Music&ImgType=NewSpecial.

图 2-6　张家港市文化馆网站"上传作品"网页

图 2-7　张家港市文化馆网站"才艺小明星"群众作品展示

## 第四节　微应用：微信、微博、APP

如果说文化馆网站是数字文化馆网络平台标准配置的话，那么在移动互联网时代背景下针对移动终端的文化馆特色应用开发，则应成为网上数字文化馆的个性化配置，它们既是网站向移动用户的一种服务延伸，也是凸显文化馆特色的便捷渠道。

### 一、分类和功能

从目前国内文化馆开发文化移动客户端以及使用微博微信的情况来看，文化馆开通了以下平台：

1. 文化服务微信平台

目前不少文化馆为进一步拓宽宣传手段和渠道，纷纷开通了文化馆微信平台。文化馆微信平台能实现微展览、信息推送、场馆预约、在线报名、评价反馈等功能。

以苏州市公共文化中心微信平台为例，公众用手机扫描苏州市公共文化中心的微信二维码，或者搜索服务号"苏州市公共文化中心"加关注，就可在任何地方接收来自苏州市公共文化中心的信息资讯，了解近期发生的文化新闻，第一时间掌握文化活动的时间、地点，查询美术馆展览作品、名人馆名人资料等详细信息，甚至是预约服务、索取入场券等。

2. 文化服务微博平台

目前也有一些文化馆开通了数字文化微博平台。微博平台能实现信息推送、活动宣传、评价互动等功能。

3. 文化服务 APP

文化服务 APP 是数字文化馆的微门户，是利用智能手机等移动终端 APP 的便捷性、普及性等特点，把信息服务随时随地推送到公众身边，是有效提升服务水平的新途径。文化服务 APP 可以以元数据的信息资源整合为基础，以适应移动终端的一站式信息搜索应用为核心，以云共享服务为保障,能更好地把文化馆文化信息、文化服务以及数字文化资源欣赏进行有效整合,建立移动数字文化服务平台。

图2-8 苏州公共文化中心微信平台

目前"浙江文化通"即是一款优秀的文化服务 APP,是为公众提供文化资讯预告和数字阅读、图书查询等公益服务,集手机终端、宣传屏、公共电子阅览室微门户三位一体的平台。"浙江文化通"最显著的功能是提供文化活动信息的查询和推送服务。它汇聚了浙江省公共图书馆、博物馆、文化馆、美术馆、影剧院等公共文化单位举办的讲座、展览、活动、演出等文化信息,让公众可以在第一时间查询获知。同时,它还具有强大的阅读功能,集成了适合移动终端阅读的专用电子资源,包括百万电子书以及百余种精品人文杂志等。APP 为方便公众获取使用,还专门设置了苹果和安卓两种操作系统客户端的二维码,公众只要拿出手机等移动设备扫一扫,就能获取浙江全省的文化信息①。

---

① 浙江数字文化网.浙江文化通让文化信息尽在掌握[EB/OL].[2016-02-28]http://www.zjwhgx.cn/newlist.aspx? MessageID=728.

●●●○○ 中国移动 🔋 上午10:18

‹ 返回 🔍

常州市文化馆 ✓
关注 274 | 粉丝 147
微博认证：江苏省常州市文化馆官方微博

主页　微博　相册

全部微博(79)　　　　　　　　☰ 筛选

常州市文化馆
5-5 来自360安全浏览器
【21周悦读公益行】宝贝，让我陪你一起在学习中成长！

☰ 已关注　　私信　　他的热门

●●●○○ 中国移动 🔋 上午10:19 ■

‹ 返回　　文章　　···

常州市文化馆
常州市文化馆官方微博

**常州市第八届音乐舞蹈新作品大赛评奖结果揭晓**

2014-12-11 09:51　　　　　　　阅读 47

　　常州市第八届音乐舞蹈新作品大赛活动自2014年3月份发动以来，各辖市（区）文化广电体育（新闻出版、教育文体、社会事业）局以及各辖市、区文化馆、站积极参与，已于12月6日顺利结束。此次活动共收到作品53件，有22件作品进行了舞台演出比赛。经过专家评审，组委会确认，本次活动共评出一等奖6个、二等奖8个、三等奖8个、优秀组织奖1个。

常州市第八届音乐舞蹈新作品大赛获奖名单
　一等奖
音乐类
男声独唱《荆川梦》　　　钟楼区文化馆
女声独唱《飞翔的翅膀》　常州市文化馆
女声独唱《妈》　　　　　金坛市文化馆
舞蹈类

☐ 转发　　💬 15　　👍 赞

图2-9　常州市文化馆微博平台

图 2 - 10　"浙江文化通"APP

　　国内外几家博物馆的开发应用的多款优秀 APP 也值得借鉴,下面予以简单介绍。

图 2 - 11　中国国家博物馆展览简讯

　　"中国国家博物馆展览简讯":由中国国家博物馆授权 Touch China 设计开发的,提供国家博物馆简介、参观须知、国家博物馆展览资讯、展览信息、展品介绍、展品美图等。除"展览资讯"实时更新外,所有内容均可离线使用无须网络支持。

"中国博物馆联盟"APP:集合了中国一系列博物馆及教育基地。该应用帮助用户更好地了解每个博物馆,同时也可以通过它来安排游览路线。用户可以根据博物馆名称、类型以及距离当前位置来分类查找。

图2-12　中国博物馆联盟 APP

故宫系列 APP:目前故宫已有 5 款 APP 上线——"紫禁城祥瑞""胤禛美人图""皇帝的一天""韩熙载夜宴图""每日故宫"等,用户足不出户,就能深度"游"故宫。其中"紫禁城祥瑞"选取故宫的龙、凤、瑞象、狮子等"祥瑞",介绍相关文物及相应的宫廷、祥瑞文化,并有 DIY 瑞兽的环节;"胤禛美人图"以胤禛美人图的画作为基础,结合故宫学各方面研究成果,从美人妆容发饰、室内家具装潢、摆放器物陈设、图案隐含寓意各角度详细介绍;"皇帝的一天"是儿童类应用,以活泼的手绘画风,卡通化的宫廷人物,引领孩子深入清代宫廷,了解皇帝一天的衣食起居、办公学习与休闲娱乐;"韩熙载夜宴图"分为听乐、观舞、暂歇、清吹、散宴 5 个段落,以"连环画"的构图叙事形式表现各个情节,最大限度保持原作本身的特点,并融入语音、文字、视频等丰富媒体信息;"每日故宫",从故宫博物院 180 余万件藏品中精挑细选,每日推出一款珍品,用户通过手机可"游宋元山水,访禁城别苑,在方寸之间欣赏故宫收藏之细致华美,感受传世珍品不竭的艺术生命"。

图 2-13　故宫 5 款 APP 应用

"时间轴—美术博物馆":用简易的导航方式使画坛巨擘如波提切利、米开朗琪罗、凡·高、莫奈、库尔贝、克林姆等共 73 位大师的作品栩栩如生地呈现在眼前。从文艺复兴到现代绘画艺术,配合高清数码影像,显示有关作品的完整细节,并有作品标题、完成年份、实际大小、作者、存放地点等信息。概括艺术家的生平,包括出生与逝世的日期和地点,已完成的作品等。在画面的底部操控浏览,并可快速地获得年份、艺术家和其作品资料。

"卢浮宫 HD":应用程序包含有卢浮宫 2300 多幅收藏品的图片,其中有最有名的博物馆画作"蒙娜丽莎"(达·芬奇)、"奉献的皇帝拿破仑一世"(雅克-路易·大卫)、"伽纳婚宴"(委罗内塞)、"花边女工"(维米尔)等。还囊括了拉斐尔、伦勃朗、达·芬奇、维罗纳、德拉克洛瓦等众多画家的作品。

图 2 – 14　时间轴—美术博物馆

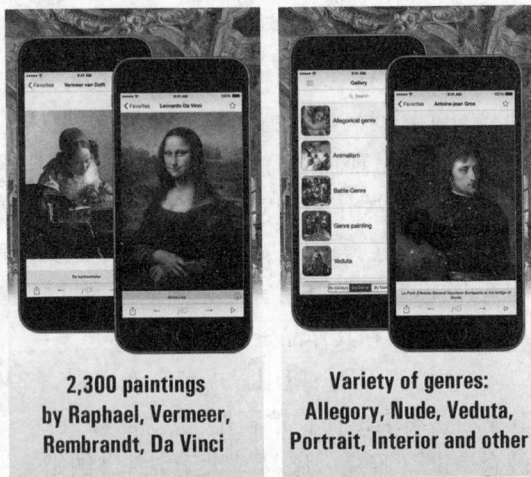

**2,300 paintings by Raphael, Vermeer, Rembrandt, Da Vinci**

**Variety of genres: Allegory, Nude, Veduta, Portrait, Interior and other**

图 2 – 15　卢浮宫 HD

## 二、创新思路

文化服务微博平台是一种通过关注机制分享简短实时文化信息的广播式社交网络平台,它是基于用户关系分享、传播以及获取文化信息的平台。文化服务微信平台能提供即时通讯服务,支持跨通信运营商、跨操作系统平台,通过网络快速发送免费文化信息,包括语音短信、视频、图片和文字,同时,也可以与好友分享。文化馆可以根据自身的网络文化馆发展需要来选择性建设。

文化服务微信公众平台让文化馆能够通过公众微信公众号展示文化馆微官网,实现微推送、微支付、微活动、微报名、微分享等。文化馆可积极利用微信公众平台,实现文化馆服务在移动终端高效、快捷提供,并与公众形成即时、通畅互动交流。

在着力应用好微博、微信公众号的信息发布、服务提供功能同时,文化馆还可以重点研发体现文化馆特色的专门移动 APP,如艺术展厅、艺术培训、专题讲座、舞台艺术、非遗活动等内容。这些项目应根据各自内容的特性,开发出的 APP 各有侧重。以艺术展厅为例,若在其实体艺术展览的同时开发一款 APP 应用,其资源及更新应着重在用户体验上下功夫。除基础的展览简介、作者简介、作品浏览等功能外,可增加对展览作品的放大查阅、延伸阅读、点评互动、社交分享等功能,还可根据每次展览开发一到两款"手机桌面"供用户下载,提升活动的参与度。在功能设计上,还可以增加艺术家沙龙、作品赏析解读、互动小游戏、微网店等①。

---

① 王志明.数字化服务时代的文化馆[J].青年时代,2014:41—42.

## 第五节 慕课辅导

### 一、作用和特点

1. 在全民艺术普及中的作用

2015 年 1 月，中共中央办公厅、国务院办公厅印发《关于加快构建现代公共文化服务体系的意见》，要求"积极开展全民艺术普及"。开展全民艺术普及，是文化馆在新时期的重要任务。

"慕课"这种新型的教育模式，可引入全民艺术普及中。全民艺术普及慕课能使广大群众快捷、高效地学习到最基本的文化艺术知识，能使群众的业余文化生活精彩丰富并解决文化馆文艺辅导人员有限、师资力量不足、无法全面兼顾各种深度艺术门类培训的问题。所以，在经费、师资有限的情况下，"慕课"能够最大限度地利用网络扩大普及范围，依靠其创新灵活的形式满足社会上各项文化艺术培训普及的需求，帮助文化馆开展更多更丰富的文艺辅导培训。

2. 特点

"慕课"全称是大规模开放式在线课程（Massive Open Online Course），是一种针对大众人群的在线课程，人们可以通过网络来学习这些课程。文化艺术普及慕课即是将大规模的网络开放课程运用到文化艺术辅导培训中。慕课课程资源是"纯干货"、短视频，用户零基础学习，短时间掌握文化知识，使文化艺术的辅导培训实现网络化、碎片化、开放性、自主性、互动性，彻底颠覆传统的文化艺术辅导培训模式。

慕课运用在文化艺术普及中主要具有以下特点。

文化艺术课程资源多元化：慕课课程整合多种形式的数字文化艺术资源，形成多元化的学习工具和丰富的课程资源。

文化艺术课程微型化：制作文化艺术普及慕课，视频课程将被分割成 10 分钟甚至更短的"微课程"，并且在学习完每个"微课程"之后,还可以有许多个小问题穿插进来,就像游戏里的通关设置。

文化艺术课程易于使用:突破传统课程时间、空间的限制,依托互联网,学习者在家即可学到感兴趣的文化艺术普及课程,完全免费,注册账号即可开始参与学习。

文化普及受众面广:突破传统课程人数限制,能够满足大规模课程学习要求。

文化普及的进阶性:文化艺术普及慕课的难度有差异,既有大众化的文化艺术基础知识慕课,也可以根据某一文化艺术门类,和实际相结合,设立进阶课程,给予网络学习相应的学分,累积到一定程度获得文化艺术领域相关的证书。

**二、创新思路**

从目前慕课发展的实践来看,慕课已经广泛应用于教育领域,形成很多免费大型公开的在线课程项目,如 Coursera、学堂在线、果壳网MOOC 学院等,它们与全世界最顶尖的大学和机构合作,提供任何人可学习的免费在线课程。下面就以这些慕课平台为基础和借鉴,探讨文化艺术普及慕课应该如何发展创新。

1. 模块内容

艺术普及慕课应包括辅导管理系统、在线学习系统、课件视频知识库、轻直播课堂系统、在线考试系统、学习交流社区等内容模块。

辅导管理系统:课程通知、教师信息、管理人员和辅导老师的后台管理系统。

在线学习系统:利用该系统,在注册报名后,学员将观看课程视频、做小测验和课后作业,还能与其他学生互动,互相探讨。学生回答问题时,视频会自动暂停,给学生充分的准备时间。

课件视频知识库:提供课程、课件、文章、笔记等音视频以及其他辅导文件。

轻直播课堂系统:即授课过程在线直播系统,应实现低延时高清的音视频直播体验，并可支持大量学习者同时在线收看。

在线考试系统：包含作业提交，成绩公布等。每门课程都可设置作业，进阶课程还可设截止期限、期末考试，通过考试后颁发证书。

学习交流社区：个人作品展示、意见建议、相关链接等。果壳网旗下慕课学习社区"MOOC 学院"的社区论坛提供各种学习者的交流和分享。

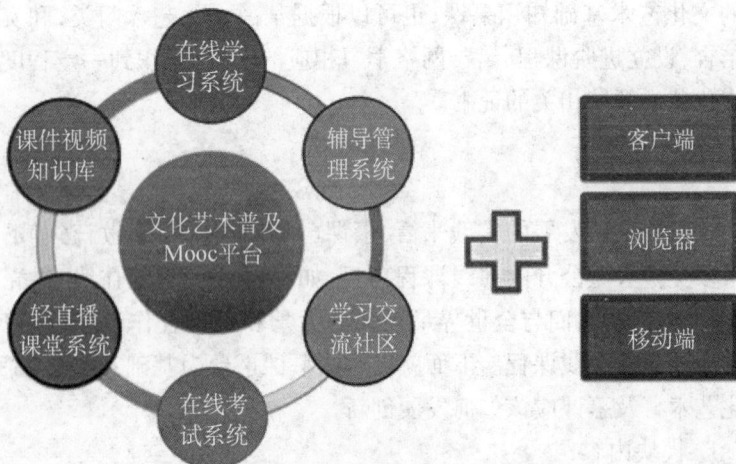

图 2－16 文化普及慕课平台模块内容

2. 实施流程

流程内容：一门慕课分为开课前的准备阶段、教学实施阶段和评价总结阶段 3 个部分。开课前的准备阶段除了要做好课程设计、录制教学视频、在平台上开设课程之外，还要进行招募学习者的宣传，组织好教学团队及技术支持团队。

教学资源：慕课教学资源中最重要的是视频资源，其次是课件、文本、工具、素材资源等。慕课的教学视频应选择优秀的教师来录制，内容应该选择重点、难点和连接点。慕课视频最好能支持手机播放，时间不宜太长,最多不超过 20 分钟一节,以 5—15 分钟为佳。要配上字幕,同时提供文字稿本,以供不同习惯的学习者选择。课件、工具、文本、素材等资源应提供上传和下载功能。

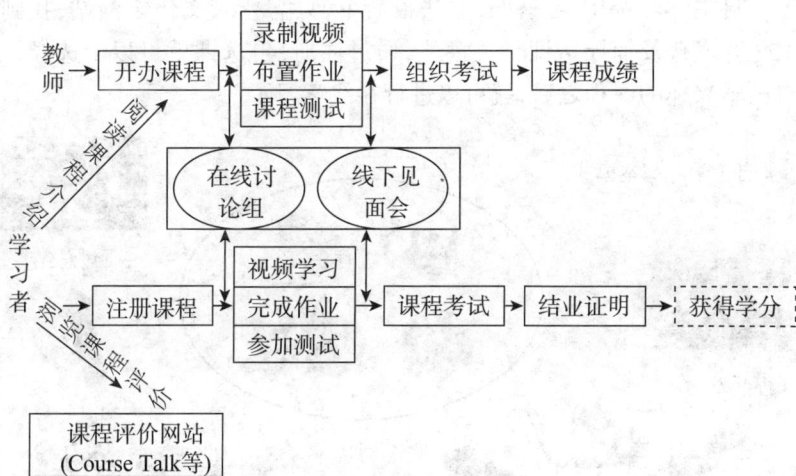

图 2-17　文化普及慕课实施流程

教学实施:教学实施阶段时间一般不宜太长,应比传统的学期短,一般控制在两三个月内为宜。教学视频短视频,应同时配合教师精选过的学习资源、作业练习、讨论问题、自测试题等。慕课的教学活动中最重要的是如何开展在线练习、小组协作、作业评改、交流讨论、互动答疑等活动,探索文化艺术普及线上与线下实践结合点。

与线下结合:如果想要将其与文化馆面对面教学的实体培训辅导班相结合,则可以采用翻转课堂的教学模式,即学生在课外通过网络课程资源自主学习,课上则进行讨论、交流、练习、辅导等活动。

交流互动:慕课平台应该提供尽可能多的交流、互动、展示工具,也可以借助社交网络平台开展互动。

教学评价:慕课的教学评价可采用多种形式。教学评价包括对学习者的评价和对课程教学本身的评价两部分。慕课学习者的学习成绩主要由平时成绩与最后考核两大部分构成。对课程的评价可根据平台提供的学习者学习活动的各种数据、对学习者的问卷调查与深度访谈以及网络和社会对课程的各种反映等多种形式进行。

自主学习：想学习慕课，方法很简单，只需登录文化馆网站，找到文化艺术普及辅导培训相关模块，通过注册，再选课就可以。选择了自己感兴趣的课程之后，就可以进行在线学习了。

自主学习基本模式

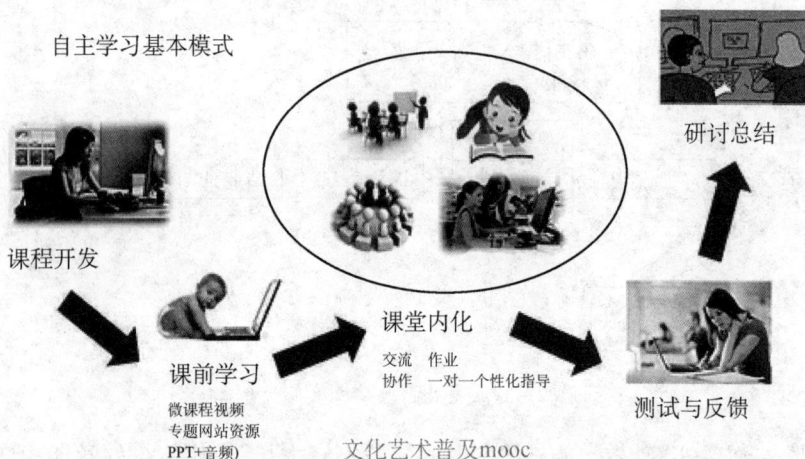

研讨总结

课程开发

课前学习
微课程视频
专题网站资源
PPT+音频)

课堂内化
交流　作业
协作　一对一个性化指导

文化艺术普及mooc

测试与反馈

图 2－18　文化普及慕课自主学习模式

下面就以 Coursera 平台上由上海交通大学提供的"中医药与中华传统文化"课程为例，介绍用户进行文化艺术普及课程自主学习的流程。该平台课程根据课程难度，每门课持续 4—14 个星期不等。

在该课程页面中，教学大纲每一个知识点后面附上 3—10 左右的课程视频，每一章课程视频之后，还附上课件和阅读材料，在完成每章学习之后还可以完成课程作业测试题。

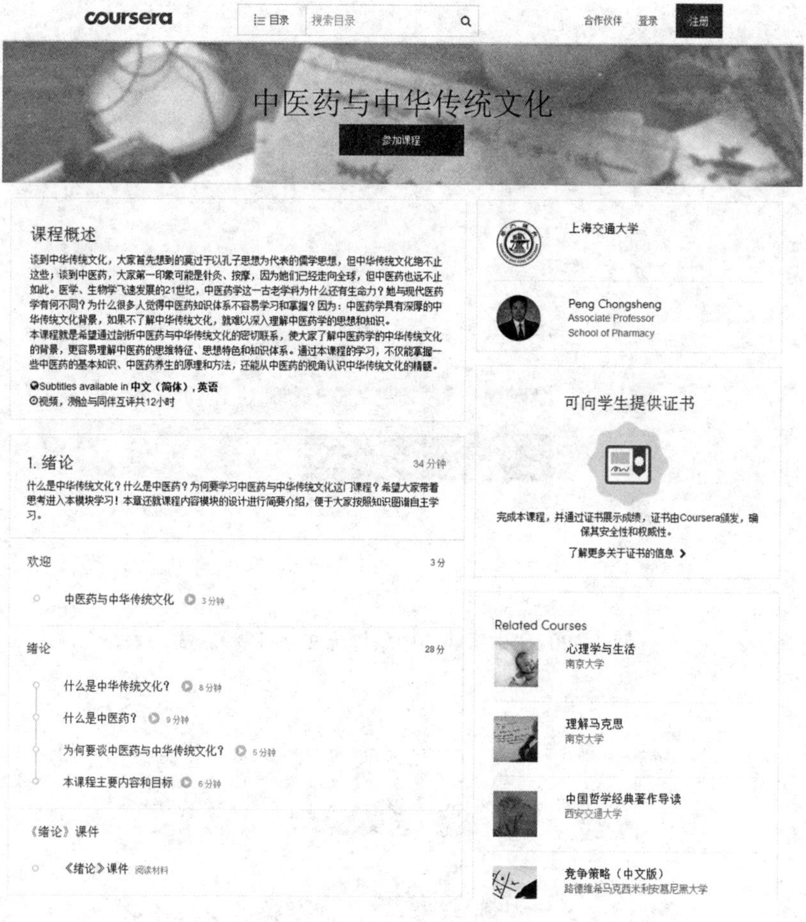

图 2-19 "中医药与中华传统文化"课程

需要获得学习证书和学分的学习者,需通过课程的最后考核,有现场考核和在线考核两种方式。证书分为电子证书和纸质证书两种形式。Coursera 平台的部分课程可提供收费服务——"Signature Track",可以自由选择是否购买。购买之后,学习者在课程结束后将得到更具权威性的证书,即在简历和档案中加入独一无二的链接,展示自己的数字证书、课程成绩和教学大纲等资料。

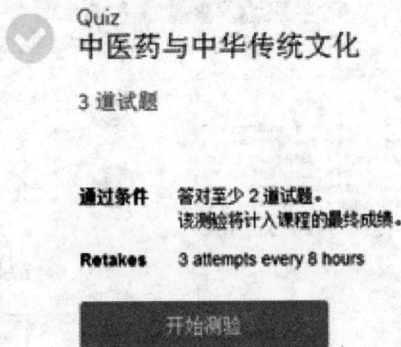

图 2-20 "中医药与中华传统文化"课程测试

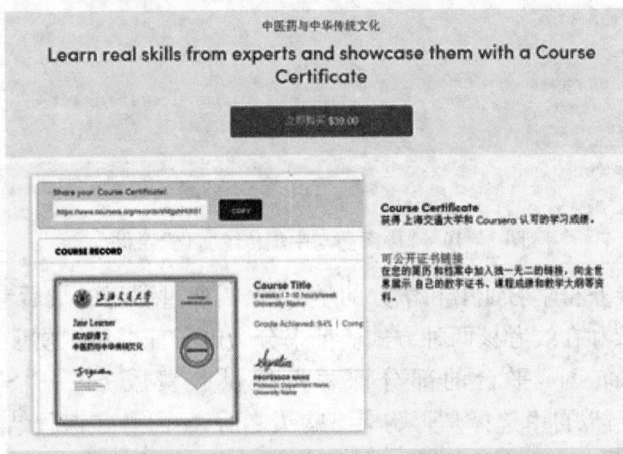

图 2-21 "中医药与中华传统文化"课程证书样本

# 第六节 评价反馈

十八届三中全会要求"建立群众评价和反馈机制,推动文化惠民项目与群众文化需求有效对接",并指出要坚持公共文化服务"需求导向、问题导向、满意度导向"3个导向原则。因此,文化馆每一项文化产品和服务,都需要社会公众的检验。建立网上评价反馈系统,就是要摒弃以往文化服务只管推出不管效果的做法,服务、活动、课程等推出之后公众的接受度、参与度以及对服务的满意度,都将通过文化馆网络平台收集并即时公开显示。线下线上相结合的双轨评价反馈方式能大大提高文化馆服务和活动的参与率和上线率,更可开创多种参与、实时互动的文化活动新模式[①]。

## 一、现状

目前文化馆已开始重视民众意见与需求的在线征询与反馈,据调研,省(区)级文化馆网站的征询反馈栏目设置率达到40%,地(市)级、县(区)级的征询反馈栏目设置率均超过了55%。总体来看,当前文化馆开展在线评价反馈的形式主要有以下几种。

1. 公布联系方式

在网站上公布文化馆的地址、邮箱以及领导邮箱等,让公众可以提出意见和建议。但采取这个方式,公众无法确定自己提出的意见有没有被收到、被看到,文化馆收到反馈意见之后,是否会及时向公众回馈、是否根据意见改进也得不到监督。这种方式的易用性、公开性、及时性和专指性都差。

---

① 王志明.数字化服务时代的文化馆[J].青年时代,2014:41—42.

2. 在线留言

文化馆网站开辟留言反馈专区,用户通过文化馆网站提供的在线表单提交意见和建议,再统一集中到文化馆网站的管理后台上。用户可以留下姓名和电话,方便文化馆根据意见和建议进行回访,也可以匿名留言。这种方式的优点是内嵌式和统一性。采用统一的反馈平台,减少了用户的麻烦,也使管理更加便捷。但缺点还是及时性、公开性专指性以及透明度差。

3. 在线咨询

采用 QQ 等在线交流软件,让公众可以发起实时的在线咨询。这种方式及时性强,但对客服人员的要求高。

4. 网友评论

文化馆网站在新闻发布、活动展示、数字资源等活动开展的网页下设置"网友评论"功能。公众可以匿名发表自己的评价和建议,并且评价的内容实时显示在网页的后面,以供其他用户参考。这种方式公开性和专指性较好。

5. 网上问卷调查

文化馆网站在线推出关于文化馆的满意度调查问卷,在线收集用户的意见和建议。这种方式的优势是调查结果易于量化。

## 二、创新思路

为及时准确了解和掌握群众文化需求,提升文化服务效能,文化馆网络平台的评价反馈功能应与制定公共文化服务提供目录,开展"菜单式""订单式"服务相结合,建立与"需求征集—项目评审—预告供给—评价反馈"等可循环内容相结合的网上评价反馈平台,建立以群众为主导的公共文化服务网上评价反馈新机制,实现公共文化产品供给与需求的有效对接。

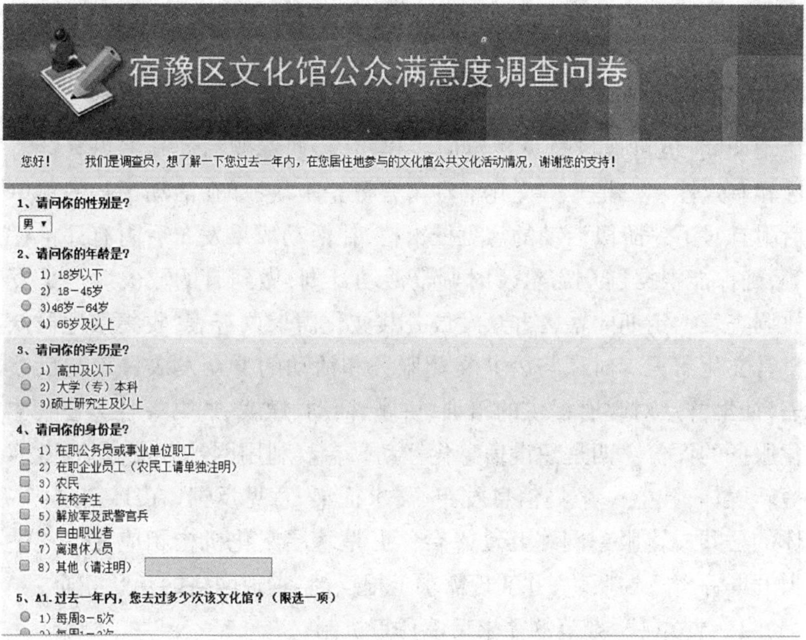
宿豫区文化馆公众满意度调查问卷

您好！　我们是调查员，想了解一下您过去一年内，在您居住地参与的文化馆公共文化活动情况，谢谢您的支持！

1、请问你的性别是?

男 ▼

2、请问你的年龄是?

1) 18岁以下
2) 18－45岁
3)46岁－64岁
4) 65岁及以上

3、请问你的学历是?

1) 高中及以下
2) 大学（专）本科
3)硕士研究生及以上

4、请问你的身份是?

1) 在职公务员或事业单位职工
2) 在职企业员工（农民工请单独注明）
3) 农民
4) 在校学生
5) 解放军及武警官兵
6) 自由职业者
7) 离退休人员
8) 其他（请注明）

5、A1. 过去一年内，您去过多少次该文化馆？（限选一项）

1) 每周3－5次

图 2－22　宿迁市宿豫区文化馆公众满意度调查问卷

1. 建立多种形式的需求征集机制

根据多层次的群众反馈意见，衡量公共文化服务产品效果，梳理优化下一阶段文化产品安排，逐步实现考核模式“自上而下政府主导”向“自下而上群众满意为主”的转变。

网上评价反馈类型一般包括：①常规评价，依托网络渠道，广泛征集辖区群众对设施免费开放、文化活动安排等公共文化基本服务项目的意见建议；②跟踪评价，通过发放网上评价表，对每个阶段性文化活动项目（或随机抽取一定比例项目）的实施效果进行评估；③总体评价，每年年底通过网络随机抽取一定数量群众开展文化服务满意度调查，征集群众对公共文化服务各方面的意见。

具体网上评价反馈的方式有很多。采取公布联系方式、设置反馈留言板块、开展在线咨询、增加网友评论、进行网上问卷调查、开展用户回访等多种形式相结合的多层次评价反馈机制,做到专人负责,定时梳理,透明公开,信息互通共享。一是设置网上日常征求意见栏,在网站显著处设置群众文化需求征集板块,定期整理回复。在策划专题活动期间,也可通过意见栏定向收集建议,使专题活动开展更有针对性和有效性。二是开辟文化活动留言评论板块,如在活动预告的菜单后附有对下一阶段活动的意见征求栏,在活动成果发布后附有评价栏等,确保能根据群众需求及时调整活动计划,做到有的放矢。三是发放调查表。定期向辖区群众发放公共文化需求调查表,收集整理群众日常文化需求。对参与公共文化服务和活动的群众发放评价与反馈表,征集群众对政府提供的培训、讲座、活动、送戏、送书等各类公共文化服务的评价。四是建设信息化互动平台。利用网站以及微信、微博等新媒体,建立一个集信息发布、需求征集、意见反馈、在线互动于一体的公共文化服务网络互动平台。五是基层文化机构相应在其网站上开辟评价反馈版块,并实现需求上报反馈,实现网络的互联互通。

2. 建立科学规范的需求反馈评审机制

文化馆应该细化梳理征集到的各类文化需求,通过评估筛选,对不同性质的评价反馈进行分类处理,通过网络解答用户的一般疑问、活动需求等,从而确定文化服务供给项目,提升文化活动的供给效果。一是梳理分类。按照评价主体(个体和群体)、反馈程度(主动诉求和被动征集)、服务对象类别(一般人员和特殊人群)、供给主体、处理的时效和难度等,对征集上来的各类需求、评价和反馈进行整理、归纳和分类。二是评估筛选。对于一般性场馆、事务性反馈等,做到网上回复及时、公开、透明。对于新增的需求和往期活动满意度反馈,建议建立项目评审委员会等评审机构,在网站上公布评审过程。评审机构根据梳理分类的需求信息,结合社会发展阶段、公共文化服务范畴和标准、资金保障、现有文化资源等实际因素,对政府可提供的文化产品进行成本绩效分析,最终筛选确定符合群众需求的阶段性文化活动项目。三是分类供给。确定供给的阶段性文化活动项目应分级分类组织实施,可以自办、合办或购买服务。实行政府购买服务的,应在网站上开辟专区,列明文化活动项目的内容、要求、时间和申办资质,向社会进行公开招标。对以往经过招标的项目,还应该增加购买的社会组织的评价反馈区。

3. 网上预公布,建立阶段性文化产品互动调整机制

将阶段性文化活动项目按照培训、讲座、赛事、服务、演艺、展示、民俗体验等活动予以分类,整理制作成《公共文化活动宣传手册》,通过网络互动平台、微信、微博等多种方式向辖区群众预告。预告上明确每项活动的内容、时间和地点,使辖区群众提前知晓即将开展的阶段性文化活动,清晰掌握全区范围内的文化活动资讯,主动参与感兴趣的活动项目,不断提高群众知晓率和参与度。预告上附着《意见回执单》和反馈电话,进一步收集群众本阶段活动安排意见和下阶段活动安排建议,使阶段性活动安排能根据群众需求动态调整,有效对接。

# 第七节　业务培训

为了满足城乡公共文化事业的人才需求,促进公共文化服务的进一步发展,提高基层文化工作人员的业务综合素质和服务能力,文化馆需承担对文化工作人员进行业务培训的职责。数字文化馆网络平台应充分利用现代化的网络技术设备,创新文化工作者的培训辅导方式,更好地进行文化工作者培训。

## 一、现状

目前我国仅有少数的文化馆已经开始利用网络来进行定期或不定期的培训辅导工作。而传统的实地课堂培训以及现有的网络培训辅导工作,往往存在着培训时间、机构、内容选择的自主性、灵活性不够,培训方式方法单一等问题。

缺乏针对文化工作者的培训内容。目前文化馆开展的文化工作者网上培训内容大多是一般的艺术培训，没有针对文化工作者特点和需求而特别设计和制作。网上文化培训应该以政策法规、业务知识、文化素质培养、能力建设等内容为基础，根据基层文化工作实际需要，设计网上培训课程，并不断丰富和完善培训内容。

培训方式方法单一。文化工作者的培训方式，除了采取集中培训、上门培训、对口支援、脱产研修等多种形式外，还应大力推广远程培训。利用网络突破时间和空间的限制，创新教学方法，鼓励采取案例教学、直播教学、讨论教学等多种方法。

现代信息技术手段利用不足。大多数文化馆网站都没有建立开放、兼容、共享的网络远程培训服务平台。未来文化馆应该依托全国文化信息资源共享工程服务网络，面向基层专兼职文化工作者提供随时随地的在线学习、在线考试等服务，鼓励基层文化工作者利用业余时间自主学习。

图 2-23　合肥市文化馆"网上培训"

## 二、创新思路

基层的文化工作者队伍普遍存在从业时间短、流动性大这一特点,因此需要进一步探索基层宣传文化队伍培训规律,加大培训方式创新力度,建立网上数字文化馆业务培训平台,形成具有时代特征的文化队伍培训工作新局面。

进行网上数字文化馆业务培训平台,应该开展多种形式的教学,实现在培训形式上的几个结合,即脱产学习与在职在线自学、挂职培训相结合,课堂教学与网上案例教学、现场教学、网上互动交流研讨相结合,传统教学手段与在线教学相结合,强化实践型课程及文化工作者相互之间的业务交流。

### 1. 文化工作者在线培训辅导

数字文化馆网络平台的业务培训重点要实现文化工作者的在线培训辅导。目前国家数字文化网的"文化共享工程数字学习港"、文化部公共文化司主办的"公共文化空中大课堂"和苏州市文化馆的远程指导网络可为数字文化馆网络平台开展业务培训工作提供良好借鉴。

国家数字文化网是由文化部全国公共文化发展中心主办,立足全国文化信息资源共享工程,进行文化资源的数字化推荐,推进公共文化发展、实现文化惠民的网站。其中的"文化共享工程数字学习港"专题频道是专门为文化工作者提供的在线培训学习系统。其中有"培训通知""培训资讯""培训课件"和"培训文件"等版块,通过直播系统中录制的培训视频,经过编目和整合,形成文化工作者网上的在线学习系统,突破了时间和空间限制,可实现培训效果的最大化①。

---

① 国家数字文化网. 文化共享工程数字学习港[EB/OL].[2016-02-28]. http://www.ndcnc.gov.cn/peixun/.

图 2 - 24　国家数字文化网"文化共享工程数字学习港"

　　"公共文化空中大课堂"是由文化部公共文化司、中央文化管理干部学院主办,各省文化厅协办,全国基层文化队伍远程教育培训网、各省群艺馆、文化馆(图书馆)承办,2014 年正式上线向全国文化系统提供文化工作者培训服务。"公共文化空中大课堂"探索为基层文化队伍和业余文化骨干提供培训服务的新形式,构建培养提升基层文化队伍和业余文化骨干业务素质和文化素养的新载体,开拓高雅文化走向社会、走进基层的新途径,打造用先进文化培养基层文化队伍的新模式①。

---

　　① 全国基层文化队伍远程培训网.公共文化空中大课堂[EB/OL].[2016 - 02 - 28].http://e.cacanet.cn/Live/.

图 2-25　公共文化空中大课堂

苏州市文化馆远程指导网络是面向苏州各市（县）、区文化馆（站）、文化管理人员开放的远程业务辅导网络。依托苏州市文化馆的优质培训资源,配备专业人员提供业务指导、基层从业人员培训、群众艺术培训等远程指导服务①。

图2-26 苏州市数字文化馆——群众文化活动远程指导网络

### 2. 文化工作者互动交流平台

除文化工作者在线培训辅导,数字文化馆还应构建文化工作者互动交流平台,在正规课程培训之外,促进专职教师、辅导员、文化工作者相互之间日常随时互动和交流,加强专职教师、辅导员对文化工作者的日常辅导以及文化工作者的互助提高。文化工作者互动交流平台应注意一对一对话和群体交流两种方式的同时提供,并支持多终端和视频、语音、文字、图片等多媒体交流。上文提及的张家港市文化

————————

① 苏州市数字文化馆.群众文化活动远程指导网络[EB/OL].[2016-02-28].http://122.193.91.123:809/meeting.html.

馆的"网格平台"就包含此种基层文化工作者互动交流系统,数字文化馆构建文化工作者互动交流平台可借鉴其做法和经验。

## 第八节　志愿者管理

文化志愿者是指不以物质报酬为目的,利用自己的时间、文艺技能等,自愿为社会和他人提供公益性文化艺术服务和帮助的人。与普通志愿者不同之处在于,文化志愿者的专业性更强,强调公益文化艺术服务。文化志愿者的主要服务场所为政府文化部门和公益性文化场馆(图书馆、博物馆、美术馆、文化馆、文化站、文化活动中心、影剧院、音乐厅等)。个人或团体经文化志愿者管理机构审核登记后,即可成为注册文化志愿者或文化志愿团。如今,很多文化馆已引入了志愿者服务,志愿者已逐渐成为文化馆开展高水平服务的得力助手。

为了更好地对文化志愿者进行管理,文化馆在自己的管理系统中也要建立、健全包括文化志愿者基本状况、服务情况、累计服务时间等文化志愿者档案管理系统,实行动态管理;要充分利用现代化网络和信息技术,逐步实现网上招募和管理,促进文化志愿管理工作和志愿活动组织工作的科学化、制度化、规范化。

### 一、现状

当前文化馆文化志愿者队伍的蓬勃发展。一方面,志愿者活动由"短期化、事件化"向"日常化、常态化"发展,越来越多的普通大众也开始关注并希望参与到身边的志愿活动中去;另一方面,随着公共文化服务体系的构建和不断完善,文化馆面临着人力资源的挑战,而来自志愿者的有益贡献,对于缓解一些文化馆人力资源紧张等状况起着重要的作用。

虽然目前国内许多文化馆都十分重视志愿服务组织并逐步探索建

立管理机制,但是大多数仍处于实践的初级阶段。总的来看,我国文化馆志愿者服务的参与水平、组织水平还较低,这与区域发展、文化馆的发展水平有关,更与我国文化志愿者服务的立法机制、社会化机制、招募机制、注册机制、宣传动员机制、标准化机制不够健全关系密切①。

我国对志愿者的组织、管理及活动开展始于 20 世纪 80 年代的社区志愿者服务,1993 年青年志愿者行动的出现标志着我国志愿事业进入全面发展和迅速壮大时期,尤其是在筹备北京奥运会的 8 年时间里,志愿服务实现了质的飞跃。奥运会后,志愿服务进入了较为平稳的发展轨道,逐步出现了多种类型和服务形式。文化志愿者大量涌现就是在公共文化服务体系建设的大背景下开始的。在利用数字文化馆对文化志愿者进行网上的组织、管理和活动实践中,目前还存在不少突出问题,主要表现在以下 4 个方面。

1. 网站管理模式松散,缺乏具体、操作性强的管理制度与细则。如志愿组织方式和纪律、招募志愿者的条件、对志愿者的培训、服务效果的评定以及鼓励和奖惩措施等。目前国内大多数文化机构对志愿者的网上管理工作采取的还是较粗放的管理模式。

2. 文化志愿者的权利与义务不对等,缺少相关的教育与培训机制。文化志愿者培训是指给志愿者传授其完成志愿工作所必需的文化艺术或管理专业的知识、技能、能力和态度,同时传播组织文化,强化组织宗旨。但目前,我国的志愿者培训还相对薄弱,更不用说进行网上培训。

3. 志愿者激励机制不完善。这也是国内大多数文化馆目前最缺少的志愿者管理机制之一。激励机制的建立对留住志愿者、激发其志愿服务的主动性有着不可替代的作用。但目前文化志愿者的组织和管理大都套用和延续了政府或企业的管理模式,忽视志愿者自身的精神和心理需求,对志愿者的服务也没有给予充分的认可和肯定,更没有精神或物质上的激励。

---

① 韩璐. 中国志愿服务事业研究[D]. 复旦大学,2009:14.

4. 保障制度不健全。志愿活动难免出现一些意外状况,直接或间接伤害到志愿者的人身、财产安全或切身利益,此时并没有相关规定、制度可以给予保障或相应赔偿,这样就会极大地打击当事人甚至整个志愿者群体的服务积极性。因此,保护文化志愿者的切身利益是志愿者网络管理工作中的一个难点。

### 二、创新思路

为了更好地从信息化管理手段出发,推进文化志愿者组织的建设,数字文化馆网络平台可以启用并逐步推进文化志愿者信息管理系统的实施。文化志愿者信息管理系统是为了便于对文化志愿者服务队伍进行管理而建立的信息管理系统,能够对志愿者的信息和服务等日常事务进行统一管理。该系统应充分利用计算机、通信和网络技术,利用网站、后台系统管理以及论坛管理的模块化设计,采用 Web 服务与面向服务的架构,有效促进文化志愿服务工作"项目化、程序化、网络化"发展①。

### 1. 系统模块

系统包括系统前台、系统后台、互动论坛等模块。系统能把志愿者服务类型进行分类规划,将志愿者活动下分到地方、单位、社区等具体的组织负责;志愿者根据具体的个人情况归属于某组织;建立表彰激励机制和有关优惠政策能鼓励志愿者积极注册报名参加活动;通过移动手机业务通知志愿者参加活动,并确认参加人数,统筹安排,保证志愿者服务活动全面有序开展。

系统采用 B/S 模式。整个系统最关键的就是数据库系统,一个强大的数据库可以支持完善软件设计,通过软件系统与数据库系统的连接来实现通过软件界面观察和处理操作数据。

---

① 蒋韵.引入信息化手段　优化志愿服务管理机制——镇江市注册志愿者信息管理系统的实践与应用[J].管理观察,2013(24):156—159.

## 2. 实现功能

志愿者信息管理:对志愿信息进行维护,包括新志愿者信息的输入、对内部流动志愿者信息的修改、对辞退和辞职志愿者信息的删除、根据各种条件组合进行查询以及打印志愿者信息表等。

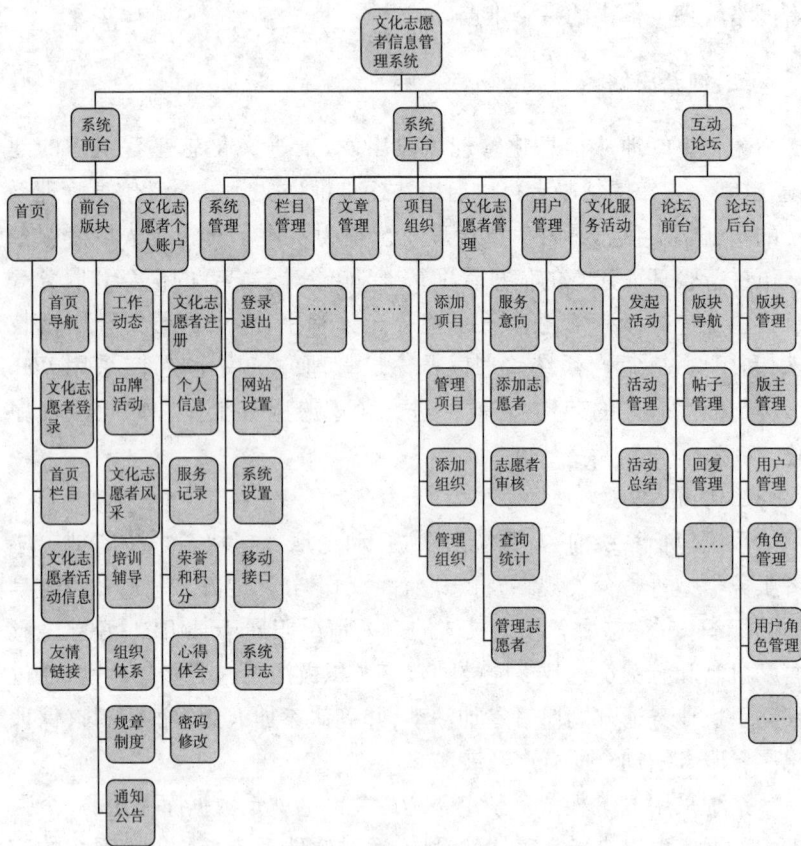

图 2 – 27 文化志愿者管理系统框架图

培训管理:制定培训计划,对培训教师、培训课程、教材进行管理,记录培训信息和培训资源的管理(指教师、设备的使用情况)。记录志愿者的培训成绩,培训结束后,要对课程和教师进行评价。

出勤管理:每次活动收集志愿者出勤情况,在系统予以记录和统计。

活动引入:当要举办一次大型活动时,先将活动的名称、内容、形式、时间、地点等基本信息录入到系统中。

岗位分配:在大型活动中,需要安排志愿者到不同的工作岗位上去(如观众引导、交通指挥等),所以要将据条件筛选出来的志愿者,分配到合适的岗位上去。

# 第九节　积分激励管理

对于一个公共文化服务机构来说,对用户进行激励就是为了让用户更多地使用其文化产品和服务、参与文化活动,提升服务效能。而积分体系就是比较常用的一种对用户的激励方式。

## 一、借鉴

数字文化馆网络平台进行积分激励管理,可以借鉴互联网行业有关做法。在互联网中,用户积分体系使用得最早的可能就是早期的各种 BBS 论坛,而这些 BBS 的用户积分系统也是相对完善的。BBS 通过积分引导用户行为,让用户更多地参与到论坛之中,让用户为网站创造有价值的内容(如发帖积分、精华帖子积分奖励等),并引导用户发现有价值的内容(如回帖积分等)。另外,腾讯的收费会员 VIP 等级、迅雷的积分等级系统等都是把积分体系进行了深度优化运用的典范。

从互联网产品的激励方式上可以看出,用户激励是通过满足人们在自我价值实现等方面的心理需求,对用户实现引导的一个动态过程。通过用户激励可以鼓励用户参与文化活动,并且是按文化活动提供者想要的方式去参与活动。具体分析可以发现,用户激励包括以下几个方面的内容。

对用户行为的导向性作用。用户激励首先是要通过具体的激励手段来告诉用户,产品或者服务能提供什么样的功能,这些功能可以解决什么问题。比如在文化馆网站平台就可增加问答功能,对用户提问或者回答进行正向激励。

对用户正确行为的强化作用。在帮助用户了解了能做什么之后,就是要强化用户去做"正确"的事(也可以理解为服务提供者希望用户去做的事,或者是在一定时间内特别需要用户参与的事)。而用户激励就可以起到这样的强化性作用。比如文化馆网站可以对用户发布内容进行正向激励,而当网站上的内容达到一定数量,用户人数也达到一定的阶段后,就需要对内容进行优化,那么就可以对用户发布的高质量内容或者原创内容给予更强烈的正向激励。

对用户错误行为的弱化作用。就是通过负激励来影响用户行为,让用户不做错误的事。比如文化馆网站不希望用户在平台上发布国家法律法规不允许发布的内容(色情、暴力或者其他),那么就可以对这些行为进行负激励。

起到增加用户黏性的作用。现在各种各样的文化活动非常之多,特别是互联网领域里,想要用户参与也并不是很容易。除了不断提高文化活动的质量和可获得性,为用户提供需要的功能内容外,利用积分体系,也可以起到粘住用户的作用。一个用户在一个网站上拥有了很高的积分值和等级后,再让他去一个新的网站上重新开始,除非那个网站的功能相差很大,否则用户将会在这个方面进行一个判断选择。

这些激励方式体现到积分体系中,就是根据用户的行为是否满足服务提供者的要求进行加分(不同分值的加分),抑或是减分。

## 二、设计流程

积分系统的作用是鼓励和引导用户行为,所以在设计积分系统的时候,就需要对用户行为进行分解和分类。根据不同行为需要强化的程度不同赋予不同的分值。

在进行用户积分体系设计的时候可以按以下步骤来进行。

1. 分解文化服务和活动

分析文化服务和活动,将其功能或"好处"予以分类和细化,目的帮助后续进行用户的行为分解,找到主要的应鼓励行为。

2. 分解、识别用户行为

对于用户行为进行观察、记录和细化分解。比如在使用文化馆网站时用户完成账户设置可以分解为上传用户头像、完成邮箱验证、完成手机验证等方面。具体的分解细化到用户的每一个不同操作中。在这里需要注意的是,对用户行为(操作)的分解,不仅仅要从文化活动的角度去思考,还要从用户的角度去思考。

3. 根据活动、服务及时间需要进行分类评价,确定鼓励程度

完成前面第二步的用户行为(操作)分解后,再根据文化活动的需要,对这些行为进行分类和评价,给予每一个操作一个"鼓励程度"的评分,这个评分可以帮助后面进行详细的分值设计。鼓励程度可以用正负值表示不同的激励方向。数值大小表示程度大小。

4. 根据鼓励程度,结合实际确定积分加分值及其限制

有了前面的鼓励程度和分类,就可以设计一个详细的积分体系表了。在对每一行为进行积分分值确定的时候还需要考虑会不会导致用户过度投机刷分的行为的产生,要对这种行为进行一定的限制,不然积分体系就很难起到有效的激励作用了。

5. 积分体系试行

完成了上面这些设计以后,就可以对积分体系进行上线试运行了。在试运行的过程中再去发现积分体系的各种不足之处,并进行适当的调整。

6. 积分体系的阶段性调整

根据文化活动的发展周期,需要对积分体系进行阶段性调整。在不同的时间段,机构希望鼓励用户参与的活动是不一样的,所以需要在不同的阶段对积分体系进行一定的调整。特别是当活动进行了大规模的调整之后,更需要调整积分体系。

积分体系对用户行为激励有所帮助,但是并不是说积分体系就是

"万能"的。在实际运用中，需要根据情况对积分系统进行合理的设计。需要注意这些问题：①合理的用户行为识别和分解。在进行用户行为分解的时候，需要对用户的有效行为进行识别，有效行为包括正向和负向的行为。积分体系的设计目的就是鼓励正向行为，减少负向行为。所以在对用户行为识别的时候，就需要特别注意对负向行为的识别。单纯从机构角度去分解用户行为可能会导致忽略掉很多负向的行为。因为作为一个公共文化服务的提供者，可能很多时候都更多去思考这个活动能为用户提供一些什么样的服务，而忽略了这个活动中可能出面的用户负面行为。②把握服务、活动发展方向。积分是为了激励用户参与，增加其对活动的参与并提高用户黏性。那么在设计积分体系的时候就需要了解网站现有功能，以及将来会提供什么样的功能、未来的发展方向等，这有利于更好地设计积分体系，并为新功能、新方向起到用户引导的作用。③分值确定的合理性。积分体系的最终表现形式是分数。那么这个分值体系怎么才能让更多的用户满意，这就需要根据网站的用户分析，找到最想激励的那些用户是什么样的用户，他们的操作行为习惯是什么。尽量做到公平合理的分值确定，而且也要让积分效果最大化。注意积分体系的平衡性，尽量避免对一些用户起到了很好的激励效果，但是却对更多的用户产生了负激励的效果。比如文化馆网站的视频分享平台，如果过度强化用户原创内容，可能会让更多没有能力进行原创的用户离开这个活动。④合理的调整。因为服务和活动是在不断发展的，以前鼓励的，现在不一定还会继续鼓励，而以前不鼓励的，可能是现在正需要的。所以需要根据实际情况进行不断调整。⑤结合等级体系或任务体系。积分体系最大的激励手段就是用户积分的增加或者减少。积分体系需要与其他的方式有效结合才能对用户起到最大的激励效果。简单的一个数据值的变化可以对用户起到一定的激励作用，但是这种作用是有限的。还需要对不同积分的用户给予另外的奖励来进行激励。比如结合等级体系，不同的积分对应不同的等级，而不同的等级拥有不同的权限，腾讯 QQ

会员的 VIP 等级、京东商城的会员等级都是非常成功的例子。或者积分兑奖,当用户积分达到一定程度后,可以兑换指定的服务或者参加活动、获得赠票等实物的奖励。比如迅雷在特定的情况下,可以让一定等级的普通用户拥有付费 VIP 试用的机会,也有一些网站则直接设计了用积分兑换实物奖励的内容,这一点在信用卡、电信运营商方面运用得比较成功。最后还有一种积分体系的结合方式就是任务体系,任务体系与积分体系关联,独立于积分体系,或者一定程度上独立于原有积分系统。用户通过完成不同的任务,获取一定的积分或者相应的奖励。

### 三、实践发展

目前在公共文化服务领域,安徽、浙江等地已经在积分激励方面有较好的实践,文化馆网络平台的积分激励管理可以借鉴和参考。

为拉动城乡居民文化消费,安徽省公共文化服务进行积分激励试点活动。合肥 2015 年共有 6 家公益性文化场馆和 7 家文化企业下辖的 15 个门店参加,分别是安徽省博物馆、安徽省图书馆、合肥市图书馆、渡江战役纪念馆、安徽名人馆、合肥子木园博物馆以及合肥市新华书店有限公司、育才书店、合肥市电影发行放映有限公司(下辖人民影城、长江剧院、解放军电影院、花冲影城)、合肥保利大剧院、安徽省源泉徽文化民俗博物馆等。市民可以通过微信公众号"文化汇"扫描试点场馆二维码链接,评价场馆服务,获得积分奖励兑换现金券,到文化企业进行消费。关注"文化汇"即可一次获得 80 积分,对场馆及服务进行评价,又可获得 40 积分,分享和签到均为 2 积分。而 10 个积分就可兑换 1 元现金券,用户在进行文化消费时可使用现金券进行现金抵扣。文化部、财政部给予合肥市活动专项补贴资金 300 万元,将全部用于补贴参与试点的文化场馆和企业①。

---

① 安徽省文化厅.文化部、财政部拉动城乡居民文化消费(合肥)试点活动正式启动[EB/OL].[2016 – 02 – 28].http://www.ahwh.gov.cn/xwzx/gzdt/36901.shtml.

图 2-28 "文化汇"公众平台

嘉兴"文化有约"也有积分激励方面的相关内容。"文化有约"根据用户协议的有关要求,制订的用户积分管理暂行办法如下①:

a. 新注册用户即获得起始分 100 分;

b. 每日登录一次获积分 1 分;

c. 成功参与一次活动获积分 1 分;

d. 参与活动后做出评价获积分 1 分,被管理员标记为精彩评价的再获积分 2 分;

e. 成功预约后既未取消预约,又未参加活动的每次扣积分 10 分;

f. 预约活动的最低积分为 85 分;低于 85 分将不得预约"文化有约"任何项目;

g. 建立积分俱乐部制度,高积分用户有权参加用户特别活动、拥有招募文化活动权利以及其他奖励性活动。

## 第十节　特色资源建设

### 一、定位

数字文化馆特色资源建设的定位是服务全民艺术普及。2015 年 1 月,中办、国办印发了《关于加快构建现代公共文化服务体系的意见》,明确要求"积极开展全民艺术普及"。开展全民艺术普及,是文化馆新时期的一项重要任务,也是文化馆不可推卸的重大责任和历史使命。文化馆作为组织、指导群众文化艺术活动、培训业余文艺骨干、研究群众文化艺术的公益性全民事业单位,是精神文明建设的窗口,也是广大群众进行文化艺术活动的重要阵地,进行全民艺术普及有着"天然"的人才优势、组织优势和群众基础。在资源方面,文化馆更应

---

① 文化有约.《"文化有约"用户积分管理暂行办法》[EB/OL]. [2016 - 02 - 28]. http://whyy. jxcnt. com/page/score.

根据这一特定职能，建设与之相适应的特色数字资源。

## 二、方向

资源是数字文化馆建设与服务的基础，数字化的艺术普及资源也是文化馆开展全民艺术普工作不可或缺的依托。在网络环境下，文化馆的数字艺术普及资源建设需要突破传统文化馆资源建设的局限，又要体现文化馆自身和地域、历史等特色。

### 1. 建设类型

文化馆应该重点建设什么类型的特色资源？目前来看，经典艺术作品欣赏、网上艺术普及课程是文化馆通过网络平台开展全民艺术普及的主要方式，因此文化馆建设的数字化资源应该主要以视频资源为主。将文化馆的演出、辅导、培训、教学等资源制成视频，尤其是有别于一般非专业性机构录制的简单视频资源，应录制专属的高质量、专业性强的适于全民艺术普及的专题片类型的视频资源，并结合进行文字、图片、音频等多元资源的数字化。

### 2. 建设内容

文化馆应该重点建设什么内容的特色资源？文化馆建设的特色数字化资源应该体现地域文化、特色文化。文化艺术资源是具有历史文化价值与开发利用价值的一般性资源。而地域文化艺术资源除具有文化资源的共性以外还具有自身的一些特点，即唯一性、不可复制性、不可转移性和不可再生性。由于地域文化资源的上述特点，决定了在一定的地理区域范围内，它所拥有的地域文化资源是独有的。文化馆的数字资源建设要想有别于图书馆、博物馆等公共文化服务机构，体现文化馆数字建设的独特性，就要注重对地方戏曲、书法、美术以及非遗等特色文化艺术资源的数字化，使其艺术特色及成就薪火相传并加以弘扬，在此过程中潜移默化地起到全民艺术普及的作用。

不同主题资源的数字化也应该注意一些问题。如将演出视频进行数字化,应该注重把演出晚会视频分类筛选;非遗产品的视频数字化,注重的不是非遗保护内容本身,而是展示非遗优秀的文化成果;培训课程的数字化,应该将视频与教学内容的图片、笔记等数字化相结合,注意培训视频的长度和学习效果;老百姓自我展示部分的数字化资源,应该注重分类筛选,进行质量评定和内容分类。

# 第三章　数字文化馆实体空间建设

随着信息技术、数字技术的持续发展和应用,人们在日常生活中已广泛使用多种数字化智能设备,而各种服务场所更是积极利用数字技术,引入数字设施甚至打造数字空间,以改善用户体验,提升服务效能。文化馆作为重要的公共文化服务机构,其实体空间是公众开展、参与公共文化活动的重要场所。文化馆应在建设网络平台的同时,贴合公众需求,顺应空间数字化、智能化这一趋势,构建数字实体空间,以拓展服务功能,提升服务效果。

目前,国外发达地区多家博物馆、美术馆、纪念馆等公共文化机构已建设了数字实体空间,取得了良好的效果,其中尤以美国克利夫兰美术博物馆最具代表性,可为文化馆构建数字实体空间提供经验和借鉴。在国内,张家港市文化馆、马鞍山市文化馆以及苏州公共文化中心已在数字实体空间方面进行了一定的创新实践,国内其他地区如嘉兴平湖也积极准备开展文化馆的数字空间构建工作。

数字文化馆实体空间的构建,应在国内外已有实践的基础上,以公众需求为核心和导向,探索数字技术和数字设备在实体空间中的创新应用,提升文化馆展览、数字阅读、文艺普及、少儿阅读等公共服务的互动体验和服务效能,拓展文化馆服务功能,将艺术创作、体育健身、文化休闲等融入文化馆服务中,从而利用数字化手段提升文化馆整体公共文化服务的质量和水平,满足公众日益增长的多样化文化需求。

# 第一节　数字互动墙

## 一、必要性

举办各类文化艺术展览是文化馆(站)重要的服务内容之一,据统计,2014 年全国各级文化馆站共举办展览 131 728 个①。文化馆的传统展览是实体展示的方式,在固定的空间中根据一定规律依次陈列展品,并配以简要的文字说明,这种展览方式的突出优点在于真实性和直观性,但却有一定局限。由于文化馆展厅面积有限,文化馆的文化艺术展览多是定期或不定期更换,过往曾展出的大量作品无法同时展出,即使正在展出的作品也不能多全方位地呈现其细节和内涵,难以将完整的信息传递给观众。在展览内容上,文化馆展览一般将作品按类别、作者、主题等予以划分和排列,加之展览经常更换,就造成了内容上的割裂,使得观众在展厅参观时,无法将现场展出的作品与其他正在展出的作品或曾经展出的作品进行联系和对比。静态的展示方式,单向的、"灌输式"的讲解,难以引起观众的兴趣,特别是青少年的好奇心,使观众无法与展品进行互动,不便于观众的欣赏和学习。

目前国内外一些博物馆和美术馆已运用数字展示墙为代表的数字设备实现了实体空间中的数字展示,弥补了传统展览方式的局限性,增强了展览的趣味性和互动性。实体展览中,在有限的空间内,数字展示不仅可提供单件展品的完整信息,实现对展品的全方位观赏,还能够同时展现文化机构所拥有的所有数字化展品,并能实现展品间的联系和对比。数字展示还可通过各种方式,实现观众与展品的交互。通过移动终端和有关应用程序(APP),观众还可在参展过程中选

---

① 中华人民共和国文化部编.中国文化文物统计年鉴(2015)[M].北京:国家图书馆出版社,2015.

择个性化的参观路线,即时获取展品多媒体形式的解说信息,并下载数字化新产品。

因此,有条件的文化馆可在文化展览空间中运用数字技术和智能设备来实现展品的永久展示,提升用户的参观体验,让参观者由被动的展品浏览者,变为主动、积极的欣赏者,将个人体验融入参观中,使得每个人的参观更加个性化,提高文化展览的效果。

### 二、实例:克利夫兰美术博物馆和苏州美术馆

2013 年正式开放的美国克利夫兰美术博物馆(the Cleveland Museum of Art)的"一号画廊",为文化展览的数字互动体验提供了良好的示范。其中的"数字展示墙"(Collection Wall)是目前全美最大的多触点显示屏,40 英尺宽(约 12.2 米),共收藏馆内的 4100 多幅作品。数字展示墙上的全部展品以明信片的形式展示,显示屏每 40 秒变换一次,参观者站到 5—40 英尺(1.5 米—12.2 米)外进行观看也十分清晰,图片像素超过了 2300 万,相当于 23 个 720p 的高清电视。参观者可以通过点击放大图像,获取更多的信息。参观者可以将自己喜爱的作品下载到 iPad 设备上,形成自己最喜爱展品的列表,成为指导自己参观的路线图。参观者还可以从数字展示墙上看到别的游客的参观路线,也可以创作自己的路线,将自己的路线上传到机器上与他人分

图 3-1   克利夫兰博物馆数字展示墙

享①。除此之外,克利夫兰博物馆还有其他数种互动体验设备。

　　苏州市公共文化中心(苏州美术馆)也建设了类似克利夫兰博物馆 Collection Wall 的数字美术墙。数字美术墙以 16 块高清液晶显示器拼接而成,结合具有动作捕捉系统的雷达眼技术,打造了一个新形态的数字美术展览空间。其功能主要有:以数字方式展示苏州市公共文化中心馆藏艺术品,包括油画、粉画、版画等数字资源;以科技化、体验化的互动方式,采用体验感较强的多点触控以及人体感应技术,营造出生动、有趣的体验模式,参观者可选取任意一幅作品放大欣赏,并可进行"点赞";结合移动终端的使用,当市民对作品感兴趣时,可使用随身携带的移动终端(手机、平板电脑等)扫描作品的二维码,下载该作品。

图 3 - 2　苏州美术馆数字美术墙

---

①　张丽.克利夫兰美术博物馆的创新互动空间——Gallery One[J].上海文化,2014(10):119—127.

### 三、文化馆数字互动墙的应用

借鉴克利夫兰博物馆和苏州公共文化中心的做法，文化馆可以在文化展览中适当运用该类数字互动体验设备以增强展览效果。

1. 作品数字化展示

文化馆一般没有固定的藏品，其举办的展览都有一定的展期，运用数字技术将实体作品制作成高清的数字化作品，既可以通过馆内的数字墙等数字设备提供给用户观赏，也可以通过网络提供在线浏览，实现永久展示。同时，也应注重制作展品的多媒体介绍（解说）信息，运用文字、图片、音频和视频等形式对展品进行全面介绍和深入阐释，并注重挖掘展品间的关系，向观众提供展品的联系和对比。

2. 远程资源实时共享

随着文化馆数字化建设的不断推进，各文化馆数字化展品将日益增多，文化馆间可加强资源共享，将数字传输技术和数字展示技术相结合，利用数字互动墙实现数字化展品的远程实时共享，为公众提供更多的作品的数字化欣赏。当然文化馆也可加强与其他公共文化机构如博物馆、美术馆、图书馆甚至民营文化机构的合作协同，实现更广范围的远程资源实时共享。

3. 用户互动体验

克利夫兰博物馆的数字墙规模较大，运用的是多点触控屏幕，据调研，这种屏幕成本较高，文化馆可利用成本较低的高清液晶显示器拼接为数字展示墙，结合具有动作捕捉系统的雷达眼技术，实现浏览、选择、放大、查看详细信息、评论、点赞、下载（至手机或平板电脑）等互动体验功能。也可运用单屏可触控设备，提供如讲故事、游戏、仿制艺术作品等形式的互动体验。

4. 大数据采集分析

此类互动体验设备带有的数据库功能可以在后台对观众行为进行大数据采集，收集观众浏览、放大、查看详细信息、评论、点赞、下载等行为数据,可有效分析出观众的喜爱偏好,较准确地推测观众需求,如根据浏览、点赞次数和下载次数分析观众对某个展览、某类作品甚至单个作品的喜好程度,为较受观众喜好的作品设置较高的出现频率和较长的停留时间,从而为提升数字互动墙用户体验效果以及文化馆今后举办展览的选择提供参考依据。

## 第二节　电子阅览室升级

### 一、必要性

文化馆(站)普遍设有电子阅览室,但在家庭电脑基本普及,智能手机、平板电脑等移动阅读设备广泛使用的当今,传统的电子阅览室已较为陈旧落后,无法满足公众多样性、个性化的需求。

从功能来看,文化馆中的电子阅览室向公众提供的也是公众主要使用的功能主要是上网,如浏览新闻、网络聊天、收发邮件甚至玩游戏;设备方面,文化馆电子阅览室基本只有台式计算机,且多为电子阅览室建设之初购置,未进行过更新换代,已相当陈旧;环境方面,文化馆电子阅览室多为计算机排排摆放,配以简单的空间装修和桌椅家具,硬件环境人文性、舒适性不足,网络环境方面也大多尚未建设无线网络;利用率方面,由于上述原因,文化馆电子阅览室也存在利用率较低的问题。

面对这些问题,文化馆中的电子阅览室应及时升级,整合利用多媒体终端、触控设备、创意家具等设备设施对其予以改造升级,打造具有数字阅读、音乐欣赏、影视观赏等多种功能的数字空间。

### 二、具体做法

1. 功能升级

功能单一是文化馆传统电子阅览室的主要问题之一,对电子阅览室的升级,首要的就是拓展和延伸电子阅览室的功能。适应数字环境、互联网环境下公众信息行为特点、习惯及公众日益增长的数字化的信息、阅读和多媒体资源欣赏等需求,要求新型的电子阅览室应有网络信息获取、数字阅读、影音欣赏和艺术普及等多种功能。功能的升级有赖于数字资源、环境、设备的全面升级,其中数字资源建设上文述及,不再赘述。

2. 环境升级

构建有线网络和无线网络相结合的网络环境。网络环境是多功能数字体验空间的基础要素,在提升原有的电子阅览室有线网络带宽的同时,设置无线网络,实现数字体验空间乃至整个文化馆的全覆盖,并免费向公众提供使用。注重网络的标准化建设,使其速度、设备接入数量、稳定性等达到一定要求,保障数字体验空间多种功能的顺畅实现。同时,在空间环境和桌椅家具方面也应有所提升。空间整体的装修和布置注重现代感、时尚性和人文性相结合,按功能进行空间布局的划分,各功能区域内的桌、椅等家具的配置也应注重功能适用性和舒适性相结合。

3. 设备升级

提供多种数字阅读终端设备。原有电子阅览室中基本都是台式电脑,大多都已陈旧落后,应对其进行升级或更新,提供电子读报机、数字阅读一体机、平板电脑、电子书阅读器等设备,适应阅读方式的转变,实现报纸、电子书、有声读物、网上信息的多方式浏览和阅读。同时,提供影音欣赏专用设备。音乐欣赏、电影和电视剧观赏以及其他诸如讲座、课程、纪录片、科普、教育等类别的多媒体资源的浏览、观看,需要专用设备,如高清大尺寸显示屏、头戴式环音耳机等以提升观赏体验。在音影欣赏区域,利用专门的设备、家具,营造独立舒适的音影欣赏环境和条件。苏州公共文化中心的电子阅览室升级方案中即对影音设备做出规划,并设定了规格标准,可供参考(见图3－4)。

| 设备名称 | 规格标准 |
| --- | --- |
| 1080P显示屏 | 27寸触屏显示仪 |
| 定制资源播放设备 | • CPU：400Mhz以上；内存：32MB以上；闪存：4MB以上；硬盘：不低于500GB，7200转；有线网卡：100Mbps以太网卡；无线网卡：支持802.11 b/g/n传输标准，150Mbps以上；<br>• 功能1：将群众喜闻乐见的精品视频资源进行分类规划，并组织整合为精品系列资源和专题资源，与影音终端对接，将视频资源通过投影仪呈现在幕布上<br>• 功能2：通过客户端的管理后台进行目录更新、栏目更新、资源更新、专题更新、信息更新 |
| 耳机设备 | • 发射频率：86.5MHz<br>• 接收频率：86-108MHZ<br>• 喇叭直径：Φ40.00mm<br>• 调制方式：FM/RF<br>• 阻抗：32Ω<br>• 灵敏度：110DB S.P.L at 1KHz<br>• 发射功率：5MV<br>• 额定功率：15mW<br>• 工作电流：12mA |

图 3－3　苏州公共文化中心电子阅览室升级方案中的影音设备图示及标准

## 第三节　数字创客空间

### 一、创客和创客空间

"创客"一词来源于英文"Maker"，最早生长于欧美广泛普及的DIY(do it yourself，自己动手做)文化①。目前创客一般是指不以营利为目标，努力把各种创意转变为现实的人；创客以创新为核心，热衷于创意、设计、制造，推崇个性、崇尚技术、倡导开放共享的理念，强调创意并亲自动手将创意制作出来②。

创客空间(hackspace，hacklab，makerspace，fablab，creativespace)可以看作是一个供创客们交流想法、实现创意的实体空间。"它是一个真实存在的物理场所，一个具有加工车间、工作室功能的开放交流的实验室、工作室、机械加工室，艺术家、设计师、软硬件高手、DIY达人甚至任何人都有机会提出他们的想法，认识志同道合的朋友，运用和发展现有的开源和学术研究成果来把这些想法变成现实，并开放成果供他人进一步研究，同时坚持不懈地尝试将创新成果运用到现实生活中，起到真正深刻改变人们现有生活的作用"③。

创客空间一般提供各种硬件设备和软件工具，包括传统型的机械制造工具和新兴的数字制作工具，以及网络环境、电脑和各类数字设计软件。除此之外，创客空间还会举办各类会议、讲座和培训，并提供专业指导协助项目的完成。

---

① 徐思彦，李正风.公众参与创新的社会网络：创客运动与创客空间[J].科学学研究，2014(12)：1789—1796.

② 王敏.我国图书馆创客空间服务及构建方案研究[D].东北师范大学，2014：7.

③ Abram Stephen. Makerspaces in Libraries，Education，and Beyond[J]. Internet@ Schools，2013，20(2)：18—20.

　　从创办和提供主体来看,创客空间可分为独立创客空间、学校创客空间、公共图书馆创客空间和商业型创客空间。独立创客空间是指由创客个人或联合创办提供给创客团体使用的创客空间;学校创客空间则指大学、中学设立的以教育为主旨的创客空间,2012 年美国政府宣布将在美国学校里引入 1000 个"创客空间";商业型创客空间则是指由商业机构开设的付费创客空间,通常采用会员制或租赁制,有偿使用场地和工具等资源;公共图书馆创客空间是由公共图书馆设立面向其用户服务的创客空间,在美国已经有不少公共图书馆尝试了创客空间实践,比较有代表性的有法耶特维尔公共图书馆(Fayetteville Free Library)、韦斯特波特公共图书馆(Westport Public Library)、底特律公共图书馆(Detroit Public Library)、克利夫兰公共图书馆(Cleveland Public library)、阿伦郡公共图书馆(Allen County Public Library),我国上海图书馆的"创·新空间"也具有一定的创客空间性质。

## 二、文化馆数字创客空间的定位

　　创新是社会发展和人类进步的动力。创客空间以创新为核心理念,以服务创新、实现创新为功能和目标,是公众尝试创新、参与创新和实现创新的社会空间和平台。近年来在政府对"万众创业、大众创新"积极鼓励和引导下,我国的创客运动发展迅速,在不少大中型城市都出现了创客空间,投身于创客运动、成为"创客"的人也越来越多,当然还有更多的社会公众希望了解"创客"、有意愿参与创客运动并有潜力成为真正的"创客"。社会公众已产生了对参与创新的较强需求,为了满足社会公众这一新型文化需求,公共文化机构有必要设立"创客空间",为公众学习创新、参与创新和实现创新提供服务。同时,提供"创客空间"服务本身也是一种创新,有利于公共文化机构适应时代特点和社会要求,拓展功能、提升服务,实现自身发展。

　　独立创客空间和商业型创客空间偏重技术创新和产品创新,注重创新、创意向实际成果的转化,部分创客项目有可能发展为创业项目。

学校创客空间侧重于对学生的创新教育,培养学生创新思维和动手能力。公共文化机构中的创客空间其定位和功能,因其性质和服务对象,应与独立创客空间、商业型创客空间和学校创客空间有所不同。国外公共图书馆开设创客空间的较多,一般而言,结合图书馆原有功能和资源优势,公共图书馆创客空间更注重文献信息资源的获取、利用,通过知识的交流和共享实现知识生产和创新。

那么,根据文化馆原有基本职能和服务对象的特点,文化馆中的创客空间除具有创客空间的普遍功能外,应注重对社会公众创新意识的激发、创新能力的培养和创新实践的服务。同时,创客空间本身可以视为技术和社会协同的结合,数字技术是其中的重要元素,文化馆中的创客空间同样也要强化数字技术和数字设备在创新活动中的运用,因此,将文化馆中的创客空间称为文化馆数字创客空间。

### 三、文化馆数字创客空间的构建

按照文化馆数字创客空间的定位,文化馆构建创客空间和有关服务,应从以下几方面着手。

1. 空间构建和设备配置

在创客空间内部可按功能划分不同区域,根据功能配置相应的软硬件设备。一般可分为:数字创意区,专注于数字设计制作,提供计算机、网络接入、各种编程软件和设计软件,让用户使用各种数字设备制作属于自己的数字产品;实物制造区,将创意制造成有形实物,提供传统的机械工具和新

图3-4  3D打印

兴的数字制造工具,如 3D 扫描仪、3D 打印机、乙烯基切割机等,根据用户的需求开展制造活动,帮助用户将自己的想法变为现实的物品;讨论培训区,配置圆桌、沙发、白板、电子屏、投影仪等,在此区域既可举办各类讲座、培训,也可作为小组讨论区,鼓励家庭、团队在这里集会、交流、团体创作。

2. 服务团体建设

创客空间既提供空间和设备,更提供相关服务,需要建设一支专业的服务团队。由于创客空间内开展活动的先进性,对创客空间工作人员、服务人员能力素质提出了更高的要求。创客空间内的工作人员除了应具有良好的信息素养、服务意识、沟通与团队协作能力外,还应掌握计算机操作技能、传统制造工具和新兴制造工具的基本使用方法。为了达到这个目的,应定期对工作人员进行业务培训,提高他们的服务水平,并设立激励机制,鼓励工作人员自学钻研、主动为用户服务。

3. 服务开展

创客空间中工作人员对公众提供的服务主要有:引导用户使用创客空间,为初次使用创客空间的用户介绍创客空间的服务理念、服务项目、开展的活动、收费情况等,并接受用户的反馈意见;参考咨询及软硬件技术帮助服务,为用户解答各种疑难问题,将无法解决的问题记录下来,提交给相关专家;软硬件借还登记、原材料使用收费、小型会议室使用预约登记等;举办各类培训、讲座,可由工作人员对创新理念、能力或对某项技术和某新型设备开展讲座、培训,也可邀请本地的发明家、软硬件高手、设计师、音乐家、画家、手工艺者、企业家、作家等具有某方面专业技能的专家举办各类演讲、讲座、培训。

# 第四节　虚拟现实空间

## 一、虚拟现实

虚拟现实(Virtual Reality,简称VR),是利用电脑模拟产生一个三度空间的虚拟世界,提供用户关于视觉、听觉、触觉等感官的模拟,让用户如同身临其境一般,可以及时、没有限制地观察三度空间内的事物。用户进行肢体动作和位置移动时,电脑可以立即进行复杂的运算,将精确的三维世界视频传回产生临场感。虚拟现实技术集成了计算机图形、计算机仿真、人工智能、感应、动作捕捉、显示及网络并行处理等技术,是一种由计算机技术辅助生成的高技术模拟系统。该技术现阶段在民用领域主要用于头戴显示、游戏、运动、影视等。

## 二、功能设定及构建

文化馆运用虚拟现实技术和设备构建虚拟现实空间主要用于体验,目前来看可以实现体育健身和舞蹈的虚拟现实体验。

当今社会生活节奏快、压力大,同时随着生活水平的不断提高,人们对身体健康愈加关注和重视,对于通过体育运动以提高身体素质和健康状况的需求十分强烈。文化馆作为重要的公共文化机构,以往限于场地和设施的不足,一般不提供这方面的免费服务。如今在科技发展的带动下,已出现了较成熟的室内虚拟健身设备(或称系统),文化馆可尝试运用该类设备,扩展服务功能,满足公众强烈的体育健身需求,普及各项体育运动,激发其从事运动和锻炼身体的热情,实现公众体育健身在公共文化机构的无缝融入。

当前的室内虚拟健身设备(或称系统)一般是虚拟现实技术,实现人与机器交互的数字虚拟体感运动,将人体真实运动特征数字化,将运动器材、场景虚拟化,从而打破时空、气候、资源等条件的局限,让人们可以随时随地参与丰富多彩的健身运动,有效地解决制约全民健身运动开展存在的系列问题,并集娱乐和健身为一体,让人们可以充分享受数字体育运动的乐趣,体验数字体育运动的魅力。

目前市场上主要有两种基于家庭室内虚拟健身的数字设备,一种是以美国微软公司的 Xbox 和索尼公司 PS 两款"游戏机"为代表,它们都是主要利用动作识别和仿真技术,只需主机、显示屏和手柄,即可在室内狭小的空间内进行各类体育运动的虚拟实现,提供的运动种类相当齐全,包括跑步、骑马、射箭、滑雪、乒乓球、网球、羽毛球、瑜伽等各类运动;另一种是新近出现的虚拟现实眼镜(或称虚拟现实显示器),运动者需佩戴这种虚拟现实眼镜,即在眼前出现虚拟但感觉非常真实的运动场景,随着人体动作的变化,眼前的场景也相应变动,实现身临其境、真实的运动体验,目前这种设备还没有大量投入市场。

图 3-5 虚拟自行车健身

基于家庭的室内虚拟健身设备一般而言成本并不很高,文化馆可尝试引入,在馆内构建"虚拟健身房"。现在也有专门的公司出产基于公共空间的室内虚拟健身系统,提供一整套数字虚拟体感运动软硬件产品,搭建中型数字虚拟运动健身空间,已有一些社区和学校与该类公司合作进行了这方面的尝试(如中国科学技术大学建设有"大学生数字运动健身馆"),有条件的文化馆也可采用这种方式,建设相对完备的"虚拟健身房"。

虚拟舞蹈与虚拟健身类似,也是基于虚拟现实技术,在有限的室内空间中,模拟舞台环境,捕捉和显示肢体动作,实现舞蹈的体验和练习。文化馆的虚拟现实空间中,虚拟舞蹈和虚拟健身可共用同一套系统和设备,针对舞蹈的场景和动作做进一步的开发,使公众获取虚拟的舞蹈的体验。

## 第五节　数字休闲空间

### 一、必要性

人们在节奏紧张、学习工作压力大的现代生活中的休闲需求日益强烈。公众在来文化馆参观展览、参加各类公共文化活动以及文艺培训学习等之后,有同家人和朋友共度美好休闲时光的需求。

针对这种需求,文化馆可以建设专门的休闲空间,在其中运用各类数字互动设备,营造优雅、舒适、智能的文化环境,让人们可以闲适的空间中喝茶谈心,共同阅读休闲书刊、共同进行有趣多样的数字文化互动体验。

### 二、数字休闲空间的构建

(1)环境营造。数字休闲空间是一个专门的休闲空间,因此,需要运用精美舒适的沙发桌椅辅以高雅的装修、装饰营造优雅舒适的环境。

（2）提供餐饮等附加服务。作为休闲空间,应借鉴社会一般休闲场所的做法,提供咖啡、茶饮、零食、糕点、冷餐等服务,以满足人们在休闲、交际活动中的此类需求。

（3）提供休闲数字阅读。文化馆是公共文化机构,文化馆中的休闲空间也应体现出文化艺术这一特质,因此,应在休闲空间内提供文化类、艺术类以及休闲类报纸、杂志、书籍的纸质阅读和数字阅读,其中的数字阅读方面,在选购优质文化类、艺术类以及休闲类电子报纸、杂志、书籍的基础上,提供平板电脑、电子书阅读器等移动、便携阅读终端,使人们在沙发上、座椅上就可以方便地阅读这些电子书刊。

（4）提供数字艺术体验。数字休闲空间强调数字化、智能化和互动性,同时结合文化馆艺术普及的功能,应提供数字绘画、书法、音乐、戏剧等艺术体验服务。以数字绘画体验为例,其功能应涵盖作品基本介绍、绘画的基本操作、优秀作品欣赏、绘画技巧、引导式体验等;结合互动多媒体形式特点,以经典作品为题材进行绘画艺术的体验,用填色、涂鸦、素描等方式激发参与者的绘画思维;通过色彩的搭配引导参与者对颜色的感知认识,从而为培养绘画兴趣打下良好的基础;整个过程可以一人操作也可以多人协作完成,更增加了绘画体验的趣味性。在张家港文化馆的书画体验区,通过数字书画教学体验桌软件,体验者可以通过自己互动点选,了解自己希望学习的书法知识、赏析自己欣赏的名家名帖。体验者可以通过三种方式进行同步学习、临摹:①在数字书画教学体验桌右侧铺上宣纸,然后对照左侧显示屏中的教学方法及字帖进行学习、临摹;②直接将宣纸铺在显示屏上,进行临摹;③直接通过互动触摸进行临摹,系统将根据临摹结果进行评分。马鞍山文化馆在其数字空间中也设置了"大师指路"区,体验者不但可以选择不同的字体、字帖,还能选择不同粗细的笔,体验毛笔书法。其他如音乐、戏剧等艺术体验其功能和形式应与绘画体验类似。

# 第六节　少儿数字乐园

## 一、必要性

少年儿童是文化馆重要的服务群体,目前文化馆对少年儿童的服务主要表现为组织开展大量文艺培训,但还停留在传统课堂现场教学方式,有必要在培训中运用数字技术和数字设备,提升少年儿童的音乐、舞蹈、书法、绘画等艺术培训的效果。

作为重要的阅读机构,文化馆(站)是我国建设书香社会和推动全民阅读的主要力量之一。少年儿童是阅读推广的重要目标群体,文化馆,在少儿阅读活动中利用数字化手段和内容,可有效增强少儿阅读体验,提升少儿阅读活动的趣味性,吸引更多的少年儿童积极主动地参与其中,激发其阅读兴趣,培养阅读习惯。同时,少年儿童也是创新教育的主要对象之一,文化馆在开设创客空间的基础上,也应开展针对少年儿童的创新教育,从小培养其创新意识和动手能力。

所以,文化馆应针对少年儿童这一特殊群体,充分运用数字技术和数字设备,构建集艺术培训、阅读推广和创新教育功能为一体的少儿数字空间。

## 二、功能区域划分及构建

按照对少儿数字空间的功能设定,"少儿数字乐园"可划分为以下3个功能区域。

(1)阅读区。运用数字设备在特定的区域内设置专门的少儿阅读区,提供具有互动性、趣味性的数字阅读体验。可在该专门区域内设置可触控的数字阅读一体机以供对电子图书、有声读物、绘本、漫画等进行浏览、阅读和下载,也可以设置其他互动数字设备,以游戏、故事改编、人物代入、绘画等形成实现互动阅读和数字化亲子阅读。在少儿阅读活动的过程中,运用大屏或投影,播放有关图片、音频和视频,或者利用红外感应、动作捕捉、多点触控等数字技术,引导少年儿童积极主动地参与到活动中,实现互动,从而增强活动的可参与性和趣味性,提升少儿阅读活动的水平和效果。

(2)艺术区。在这个区域中提供各类艺术的数字体验设备,当然其内容和功能上应针对各年龄段少儿的特点予以开发,通过互动性强、趣味性强、直观性强的数字艺术体验,使孩子萌发对各类艺术的兴趣;该区域同时具备艺术培训功能,运用虚拟现实、增强现实技术和相关设备,使艺术培训的内容和形式更生动有趣,更好地被孩子们理解、演练和掌握。

(3)"小创客"区。可作为孩子们免费的游戏区,提供各类益智类游戏,通过这个空间给家庭带来更多的亲子集会,有效利用游戏让孩子们体验快乐的学习。配备专人不定期为不同年龄段孩子举办各类创造活动,提供各种制作设备和材料,激发少儿的创新兴趣,培养其创新意识和动手创造能力。

# 第七节 数字课堂

## 一、定位

开展全民艺术普及,是新时期文化馆的一项重要任务。文化馆开展全民艺术普及,必须做好的一项重要工作就是开展普及性的艺术教育和艺术技能培训,包括创作技能、表演技能、辅导技能的培训①。

文化馆开展艺术教育和艺术培训,应将网络在线教育、培训和课堂现场教育、培训相结合。相对而言,网络在线培训赖于公众自学,而课堂现场培训内容更加系统化,时间相对固定、集中且连贯,约束性更强,效果也较好,在相当长的一段时间内仍是艺术培训的主要方式之一。网络在线培训在上文已建议运用慕课这种方式进行,而课堂现场培训也应在传统方式基础上予以数字化升级,提升培训效果。

除对社会公众的艺术培训外,文化馆特别市、县级文化馆还需承担对文化工作人员进行业务培训的职责。同公众艺术培训一样,业务培训的课堂现场培训也需进行数字化升级。

文化馆可将公众艺术培训和文化工作人员业务培训的课堂现场培训相结合,运用数字化技术和设备,构建文化馆数字课堂。

**二、数字课堂的数字技术应用**

文化馆数字课堂的构建,主要是在现场培训场所或空间内进行改造升级,配置有关数字化设备,运用数字技术对课堂现场培训予以提升。

1. 增强现实技术

增强现实(Augmented Reality,简称 AR),是一种实时地计算摄影机影像的位置及角度并加上相应图像的技术,将真实世界信息和虚拟世界信息"无缝"集成,不仅展现了真实世界的信息,而且将虚拟的信息同时显示出来,两种信息相互补充、叠加。增强现实技术包含了多媒体、三维建模、实时视频显示及控制、多传感器融合、实时跟踪及注册、场景融合等新技术与新手段。上文提到的张家港市文化馆舞蹈空

---

① 戴珩.全民艺术普及:文化馆的责任与使命[N].中国文化报,2015 – 11 –
06(007).

间和马鞍山市文化馆数字空间的"舞动青春"区域,即运用了增强现实技术,在教学模块中,体验者与授课老师的影像将采用 AR 虚拟增强现实的技术同步显示于投影屏幕中,通过直观的对比,使体验者能够清楚地了解自己的舞蹈动作是否做得到位、节奏把握是否准确等。数字课堂可借鉴上述两馆的做法,将增强现实技术运用到艺术培训和业务培训中。

2. 虚拟现实技术

虚拟现实技术在上文已有介绍,并提到了其在舞蹈体验方面的应用。在舞蹈体验的基础上,开发和增加教学的功能和内容,即可实现在课堂现实空间中对舞蹈教学的提升。将虚拟现实技术和增强现实技术相结合,在课堂现场培训教学中运用有关设备,即可实现在有限空间内多种艺术的演示、模仿和练习。需要结合课堂教学内容进行有针对性的开发,文化馆可与有关技术公司合作开展。

3. 视像会议系统

运用视像会议系统实现课堂现场培训物理空间的延伸,突破距离的限制,使社会公众和文化工作者同时可在任何地方获得培训。视像会议系统可将语音和视频图像远程交互共享,多个不同地方的个人或群体,通过传输线路及多媒体设备,将声音、影像及文件资料互相传送,达到即时且互动的沟通。使用该类系统可将课堂培训运用高清网络直播摄像机采集直播场景的实时视频,通过互联网和视频云计算平台高效处理,将实时视频传播到智能手机、PAD、PC 等终端,受培训人员可以直接观看现场直播。直播的过程同时进行直播视频的录制,形成文化培训视频库,随时随地可以进行远程参观访问,点播辅导视频的系统。

目前张家港市就已经利用该类系统开展艺术培训,为全市各区镇及网格文化员提供辅导指导。结合"群文大讲堂",在各分馆和有条件的网格服务点开设远程培训班,由总馆定期进行在线培训,扩大受益群众范围。

图 3-6 张家港文化工作者培训辅导在线直播

# 第八节 非遗活态展示空间

## 一、必要性及定位

保护和传承非物质文化遗产,对非物质文化遗产进行宣传和展示是文化馆的重要职能之一。非物质文化遗产是指各族人民世代相传并视为其文化遗产组成部分的各种传统文化表现形式,以及与传统文化表现形式相关的实物和场所。包括:传统口头文学以及作为其载体的语言;传统美术、书法、音乐、舞蹈、戏剧、曲艺和杂技;传统技艺、医药和历法;传统礼仪、节庆等民俗;传统体育和游艺;其他非物质文化遗产①。《中华人民共和国非物质文化遗产法》中规定文化馆等公共文化机构"应当根据各自业务范围，开展非物质文化遗产的整理、研究、学术交流和非物质文化遗产代表性项目的宣传、展示"②。

目前文化馆开展非物质文化遗产宣传、展示主要运用两种方式，一是通过网站、公众微信、微博等公布非物质文化遗产保护名录，以文字、图片和音视频资料普及非遗知识，提高公众保护非遗意识；二是组织非遗展演、展览和交流学习活动，如举办非物质文化遗产代表作展览、非物质文化遗产现场展演、非物质文化遗产表演赛、文博会等活动，向公众展示民间非物质文化遗产。这两种方式都存在一定的局限性，通过网络用文字、图片和音视频资料对非物质文化遗产进行展示，从网上数字文化馆调研结果来看，普遍提供的文字、图片和音视频资料较少，内容简单乏味，不够直观和生动，且公众较少主动关注，点击率和浏览量都较低；通过展览和展演等活动对非物质文化遗产进行现场展示，虽然直观、生动，现场效果好，但由于时间和空间限制，无法持续开展，观看人数毕竟有限。

因此有必要运用数字手段，在文化馆开辟专门空间，实现非物质文化遗产的活态展示。此处"活态"一词来自非物质文化遗产的活态保护、活态传承，与原意相通但又有所不同。活态展示主要是指利用各种数字技术和数字设备，对非物质文化遗产实现真实、生动、全面的展示，使其作品、技艺和过程等原原本本、"活生生"地展现在观众面前，并能实现观众的体验和互动，使其了解、学习非物质文化遗产甚至参与到其中。

非特质文化遗产的活态展示空间，就是要在文化馆的实体空间中构建一个数字化的、常态化的对非物质文化遗产真实、生动再现和全面展示的固定空间，吸引公众参观、体验和互动，实现非物质文化遗产

①　《中华人民共和国非物质文化遗产法》第一章第二条。
②　《中华人民共和国非物质文化遗产法》第四章第三十五条。

的宣扬、传播、展示甚至一定程度上的传承。

## 二、非遗活态展示空间的构建

### 1. 环境营造

同其他数字空间一样,非遗活态展示空间的构建首先就是空间环境的营造。针对非遗活态展示空间,应注意结合非物质文化遗产的特点,在空间设计和装修装饰上,注重文化感、历史感和现代感、科技感的融合。

### 2. 非遗资料的收集、挖掘和数字化制作

各项非物质文化遗产本身文字、图像、音频、视频资料的收集、制作以及其历史、内涵、价值、传承人等相关内容的研究和挖掘,是非遗数字化活态展示的内容,这项工作也是实现非遗数字化活态展示的基础。

### 3. 依据各项非遗的性质和特点选择其展示方式

非物质文化遗产类别较多,数量丰富,且各有其特点,应根据各个非遗项目的性质和特点,选择相应的数字展示技术,设计其展示方式,开发其展示内容,在空间中配备相应的展示设备。如传统口头文学以及作为其载体的语言类非遗项目就可采用音频、文字、图片、动漫、电影等多媒体形式的展示,并提供观众朗诵、跟读或参与故事表演的互动体验;传统美术、书法、音乐、舞蹈、戏剧、曲艺和杂技之类的艺术作品,可用作品三维图像、音频、视频进行全面丰富的展示,运用触屏技术、虚拟现实技术和现实增强技术实现观众的多种参与互动和体验学习;而传统技艺、传统礼仪、节庆等民俗、传统体育和游艺等类具有一系列流程和丰富细节的非遗项目则更适用运用虚拟现实技术和现实增强技术使观众"置身其中",将场景、各个环节和全部细节都栩栩如生地呈现在观众眼前。

# 第九节 群文创作空间

## 一、定位

扶持群众文艺团队,开展丰富多彩的群众文艺活动是文化馆工作的主要内容之一,随之而来就是文化馆对群众文艺创作的支持和服务。目前文化馆对群众文艺创作的支持和服务主要是文艺创作理论、技能的培训和文艺作品的指导和修改,集中在群众文艺创作的前后两个环节,而对群众文艺创作过程即中间环节缺乏支撑和服务,而这一环节恰恰是关键环节。

群众进行的文艺创作多为业余创作,对他们而言既没有专门的创作场所和环境,也没有专业的设备和软件,更没有在创作过程中进行讨论和协作的公共空间和平台。文化馆应针对这些问题,应对群众文艺创作者的需求,构建群众文艺创作空间,实现对群众文艺创作中间环节的支持和服务。

## 二、功能区域划分及构建

群众文艺创作普遍集中在文学、音乐、舞蹈、戏剧、美术摄影等几个领域,那么根据这几类文艺创作的特点和需求,群文创作空间可以划分为以下 3 个功能区域。

1. 个人创作室

主要针对诗歌、小说、散文等类文学和话剧、小品、戏曲的剧本的文字创作,满足此类创作对环境、空间和工具的需求,为创作者提供一个独立、安静、相对封闭的个人写作空间,提供电脑、网络、文字写作软件以及桌椅等设施。

2. 音乐创作区

主要针对音乐类创作开设专门的区域并配置相应的设施设备,同样也适合舞蹈、话剧、小品、戏曲中配乐、歌曲的创作。音乐创作的整个流程，从作曲、编曲、演奏、录音到后期制作，都有对应的专业设备和软件。文化馆在创作空间中，可以引进全流程的专业设备和软件，也可以根据需要，针对其中某个环节，配置对应的软硬件。如张家港文化馆即针对演奏环节，配置了一套电子乐器（含电子吉他、架子鼓、键盘等）和电子录混音设备，可实现乐队的演奏和录制，而苏州公共文化中心则搭建了专业的录音棚，实现了人声演唱的专业录制。必须注意的是，音乐创作尤其是演奏和录音环节对环境的声音条件要求较高，需要有独立的空间并达到一定的声学标准。

3. 图片、视频后期制作区

美术书法类创作和摄影摄像类创作是群众文艺创作的重要类别，并且随着数码相机、家用 DV 和拍摄功能较高的智能手机的广泛使用，公众在生活中拍摄的照片和视频越来越多，从而需要对其进行简单的后期编辑和制作，而对美术书法作品的数字化制作以及日常拍摄的照片和视频进行再创作、制作创意视频短片则需要更专业的后期制作，文化馆有必要为公众提供图片、视频后期制作的便利条件。视频图片和视频的后期制作主要是在电脑上运用专门软件完成。图片、视频后期制作软件对电脑的 CPU、内存、显卡和显示器有较高要求。因此创作空间中需要购置达到要求配置的电脑，并购买、安装正版专业后期软件。

4. 协同创作区

该区域主要供创作者们交流讨论和开展小组式、团队式协同创作，配置圆桌、沙发、白板、电脑、电子屏、投影仪等设施，鼓励创作者们在这里集会、交流、团体创作，同时该区域也可举办各类文艺创作主题及相关的讲座、培训。

# 第十节 流动数字空间

## 一、必要性

中办、国办《关于加快构建现代公共文化服务体系的意见》中提出：大力开展流动服务和数字服务，打通公共文化服务"最后一公里"。文化馆是提供公共文化流动服务的重要主体之一。

目前文化馆开展的流动服务基本是"送戏下乡""送节目下乡"，以流动服务车（流动舞台）为载体，以文艺演出为服务内容。流动文艺演出服务是公共文化服务的重要内容，也是文化馆长期以来的优势所在，应继续保持和强化。但公共文化服务的内容和形式丰富多样，公众特别基层公众也亟待各项基本公共文化服务送到他们身边，使其可就近获取和享受。

因此，文化馆开展的流动服务需要内容和形式的全面转型升级，需运用现代科技，将数字服务和流动服务紧密结合起来，打造移动数字空间，提升基层特别是农村地区的公共文化服务。

## 二、流动数字空间的构建

文化馆建设流动数字空间实质上是将数字服务融入流动服务，运用数字文化资源、数字化设备扩展流动服务内容、升级流动服务形式、提升流动服务效能。

苏州图书馆的"文化方舱"为文化馆构建流动数字空间提供了良好的借鉴。苏州图书馆 2015 年 6 月推出的"文化方舱"由可拆卸材料组装而成，每个方舱占地面积约 8 平方米，功能各不相同，现投入使用的有亲子阅读、地方文化展示、医疗卫生服务和数字文化体验等几种。"文化方舱"集公共文化、科技普及、医疗卫生、数字体验于一体，既有知识的展示、讲解，又可以让市民参与体验。

图 3-7 "文化方舱"实物和效果图

目前此种"文化方舱"已开发了 50 多种不同功能,除上述亲子阅读、数字文化体验外,还有儿童互动娱乐、医疗卫生服务、"互联网 +"网店、卡拉 OK、互动拍照、3D 电影等,且具有可拆卸、不同功能舱可自由组合、可因地制宜设置、全面配置互联网等特点。每个地区可以根据本地需求,选择合适的功能或功能组合,有特殊需求还可开发个性功能。可拆卸、大小适宜的方舱也适合农村道路的宽窄和空地的面积,可以灵活组装、随地布局,不受场地限制。"文化方舱"的造价和更新成本,相对于固定设施的建设和维护费用,也较为低廉。

**流动数字空间的服务功能拓展**。结合文化馆各项职能以及流动公代文化服务的基本内容,目前来看,文化馆移动数字空间至少应涵盖数字阅读、影视观赏、数字文化艺术普及资源观看学习和文艺演出四项功能。而从长远来看,移动数字空间应可提供上述各类数字空间中的绝大部分服务功能,并融合包括医疗卫生在内的其他公共服务。

**文化馆流动数字空间的构建方式**。目前看来可以有两种,一是在传统流动服务车中增添数字化设备,将优质数字文化资源传递到基层民众身边,为其提供数字文化服务。文化馆普遍拥有流动服务车,所以这种方式具有良好的基础,较为方便易行,也比较经济,但流动服务毕竟空间有限,在保持原有功能的同时可实现的数字化服务功能也必然较少。另一种方式就是仿照苏州图书馆的"文化方舱",另行建造可拆卸移动、多种功能组合的独立实体数字空间。这种方式成本较高,但可提供多项数字化服务功能,较前种方式也将会有更好的服务体验。

下 篇

国外公共文化机构数字实体空间

# 第四章　国外美术馆创新互动空间
## ——以克利夫兰美术博物馆"一号画室"为例

"一号画室"(Gallery One)是克利夫兰美术博物馆(Cleveland Museum of Art)的一个创新互动空间,其创建理念在于通过先进的互动体验技术,让参观者以自己的视角欣赏馆藏,加深对博物馆展品的理解。

"一号画室"创新互动空间于2013年1月21日正式对公众开放,它将艺术、技术、设计和用户体验结合在一起,为参观者提供了一个动态的艺术互动空间。"一号画室"创新互动空间位于克利夫兰美术博物馆的入口处,入口处为一个55英寸的LED显示屏。"一号画室"有1个多触点显示屏、6个互动屏幕和3个互动画室,共10个互动空间。

图4-1　"一号画室"入口处

# 第一节　互动体验

## 一、"数字墙"互动屏

"数字墙"(Collection Wall)是"一号画室"创新互动空间的一大特色和亮点,是目前全美国最大的多触点显示屏,它连接着"一号画室"和美术博物馆内的其他展厅。多触点显示屏宽约 12.2 米,收藏了馆内所有的艺术作品(约 4100 多件)。该多触点显示屏的一大特点就是可以供多人同时使用①。"数字墙"能在第一时间给参观者带来非常直观和震撼的画面感,可以极大地提升现场的互动氛围,具有很强的吸引力和感染力,营造出一种"永不落幕"的艺术效果。

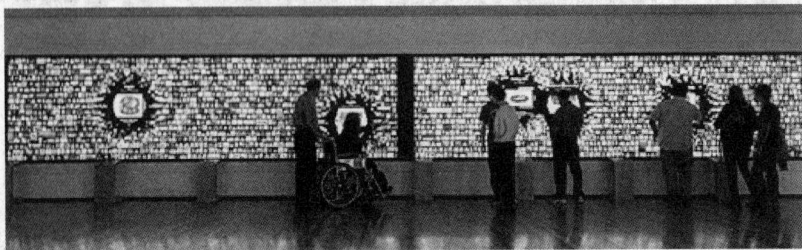

图 4-2　"数字墙"全貌

在"数字墙"上,所有展品以明信片的形式出现,并按主题、时间、制作材料等分成 32 类。显示屏每 40 秒更替一次,图片分辨率超过了2300 万像素,相当于 23 个 720p 的高清电视的集合。参观者站在 1.5米—12.2 米的范围之内,都能够清晰地看到显示屏上的内容。通过触摸、点击、放大等互动操作,参观者能够获取关于该作品的具体信息,

---

①　Collection Wall[EB/OL].[2014-07-26].http://www.clevelandart.org/gallery-one/collection-wall.

且在图片的四周会显示相同主题的艺术展品。图片左下角是一个心形图标，当参观者点击这个图标，该作品就会自动下载和收藏至用于馆内参观的手持移动设备"我最喜爱"播放列表中。

此外，多触点显示屏的后台系统会自动读取和储存参观者选中的"我最喜爱"照片，与显示屏的互

图4-3　参观者点击放大"数字墙"图片

动情况也会在系统后台得到大数据和云计算分析，并产生出一个权值，进而馆员能更清晰地了解参观者的互动和体验情况。

### 二、"姿势"互动体验

"一号画室"创新互动空间的"姿势"互动体验旨在通过脸部识别和姿势识别，将参观者与馆内展品联系在一起，通过亲身动作模仿体验，感受身体姿势是如何激发艺术创作和灵感。"姿势"互动体验包含了两块小互动屏，一是"做鬼脸"互动屏（Make a Face），二是"超级模仿"互动屏（Strike a Pose）。

"做鬼脸"互动屏通过网络摄像头捕捉参观者的面部表情，并将他们的表情与系统中的上百件展品进行匹配，匹配好的面部表情将以快照的形式呈现在屏幕上，参观者还可以点击屏幕，将匹配好的照片发送至个人邮箱或实时与朋友分享。

图 4 - 4　参观者体验"做鬼脸"互动屏

图 4 - 5　参观者体验"做鬼脸"互动屏

图 4 - 6　参观者体验"做鬼脸"互动屏

图 4 - 7　参观者模仿互动体验图集

　　"超级模仿"互动屏通过传感检测器来检测参观者的姿势和互动屏幕显示雕塑作品的相似度，后台会根据参观者模仿的相似程度给出一个百分比。模仿越像，得分越高。系统后台使用的是骨架匹配软件，通过骨骼数据库收集博物馆参观者和每个雕塑的姿势进行幕后匹配。参观者可以将自己的模仿图像发送到自己的邮箱，也可以看到其他人的模仿图像。

POSE YOUR BODY
LIKE A FIGURATIVE SCULPTURE

Visitors will be encouraged to experience artworks through their own creativity. They will be introduced to August Rodin's ideas that the human form is expressive by matching their own body to figurative sculptures within the collection. Visitors will be able to create and share from within the Gallery, understanding sculptures with their own bodies.

图4-8　参观者体验"超级模仿"

图4-9　参观者体验"超级模仿"

图 4 - 10　"超级模仿"互动体验图集

### 三、"发现故事"互动体验

"发现故事"互动体验由"发现根源"（Find the Origin）和"讲故事"（Storytelling）两个互动屏组成。"发现根源"互动体验通过馆中的艺术品为参观者提供三种故事原形，参观者使用历史和现实中的实例来阐述故事。匹配完成后，参观者可以按照顺序看到每个故事原形的不同表述。"发现根源"互动体验就是为了让参观者体会史诗般的故事在不同的时代和不同的文化中演绎。

"讲故事"互动体验将展品中相关故事的主要情节进行提取。通过故事重组，参观者可以加入对话框或是旁白进行创造，完成之后，新故事以动漫的形式动态播放。参观者可以将他们自己创造的故事发送至个人邮箱或实时与他人分享。

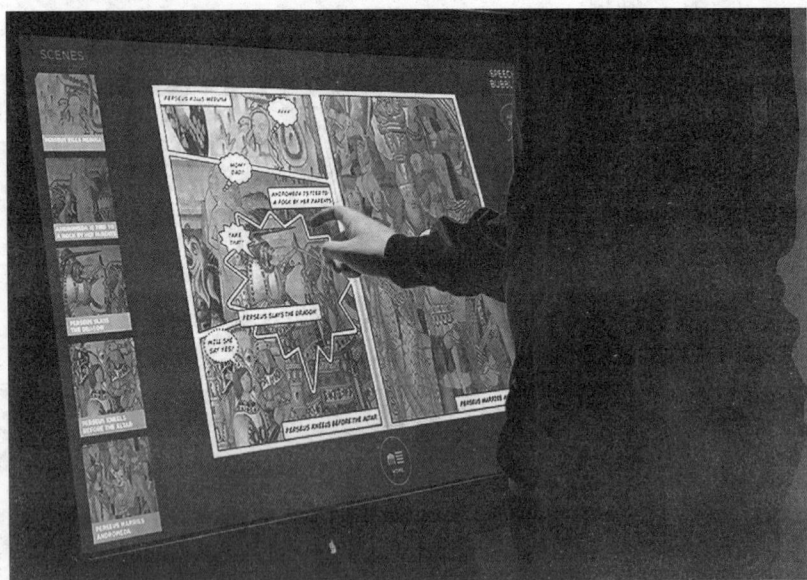

图4-11　"讲故事"互动体验

#### 四、"绘画创作"互动体验

"绘画创作"互动屏幕由"选择一个理由"（Choose a Reason）、"制作你的印记"（Make Your Mark）、"重组毕加索"（Remix Picasso）、"改变角度"（Change Perspective）、"发现蛋彩画"（Discover Tempera）等互动游戏组成。

"选择一个理由"游戏选择了馆中的89幅作品，让参观者从5个选项中选出影响每幅作品创作的主要原因。当参观者选择完毕之后，屏幕上将有一个视频动画显示其他参观者的选择，并通过字幕显示出这幅作品及创作者的详细信息。

"制作你的印记"给参观者提供三种抽象的绘画技术，每一种由博物馆中的馆藏实物表示，然后让参观者变身抽象艺术家通过屏幕提供的技术来创作他们自己的艺术。

"重组毕加索"邀请参观者将博物馆展品中抽象绘画因素进行重新组合,然后通过触摸屏操作进行放大和旋转,创作出自己的新作品,其目的就是让参观者理解绘画作品中各种因素的相互影响。

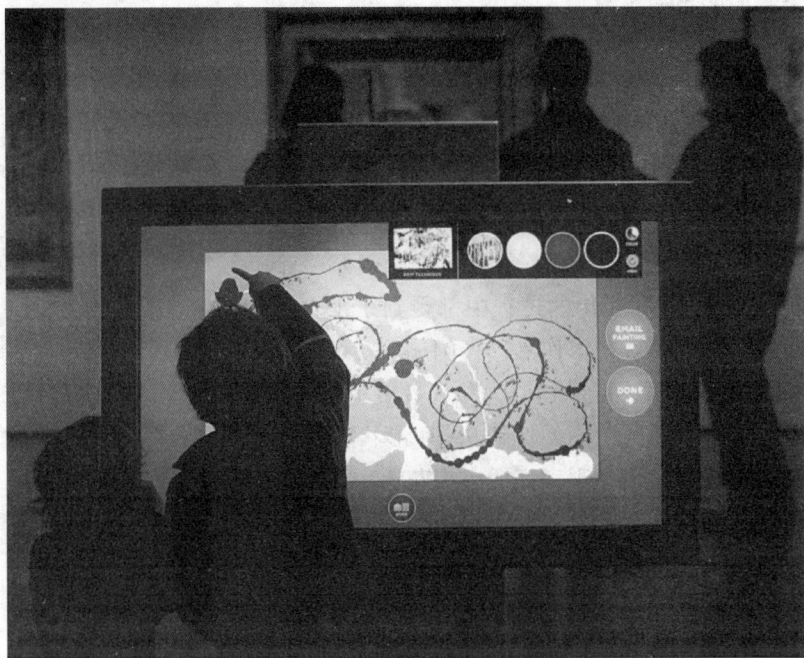

图 4-12　参观者体验"重组毕加索"

### 五、"20 世纪 30 年代"互动体验

"20 世纪 30 年代"互动体验由"画一条线"(Draw a Line)和"发现1930 年代"(Explore the 1930s)两块互动屏组成。在"画一条线"的互动屏中,当参观者在屏幕上随意画一线条后,后台系统会自动从 20 世纪 30 年代以来,克利夫兰美术博物馆的上千件艺术作品中,自动匹配出一幅包含了相似线条的作品,并在这幅作品的周围展示延伸信息。

"发现 1930 年代"互动屏采取电影蒙太奇的剪接手法,将 20 世纪

30 年代美国"大萧条"时期的艺术作品以电影的方式讲述。展现了克利夫兰这座城市在"大萧条"时期社会经济的发展状况,并配备文字进一步解释为什么这些作品符合时代背景、电影中如何体现克利夫兰艺术家们的思想等。

### 六、"全球艺术"互动屏

"全球艺术"互动屏由"全球影响"(Global Influences)和"创建花瓶"(Create a Vase)两部分体验构成。

"全球影响"互动屏上会展示一件艺术品,让参观者猜测地图上哪两个国家影响了这幅图画,屏幕上会显示一个动漫视频,说明艺术品在设计、发展和演化的过程中都受到了来自哪些国家文化的影响,并通过具体例子对艺术作品进行阐述。

"创建花瓶"互动体验为参观者展示欧洲和亚洲之间的花瓶贸易,通过屏幕上不同功能的按钮选择(形状、材料、模式和技术等)创造一个虚拟花瓶。当参观者完成虚拟花瓶后,屏幕上会给出馆内收藏的相似花瓶和价格。

### 七、互动画室

互动画室是"一号画室"中设立的家庭互动空间,专门为儿童和家长之间的亲子互动所设计,其目的是让儿童也积极参与互动体验,进而让"一号画室"的互动体验实现各个年龄段参观者的全覆盖。

互动画室为儿童提供了学习和艺术创作的机会,以进一步理解馆内所展览的各类艺术品以及艺术内涵。互动画室的亮点是一个名为"线条和形状"(Line and Shape)的互动游戏。该游戏通过一个多触点互动墙,将参观者画出的任意线条与馆藏中的艺术品进行匹配。

图 4-13　互动画室

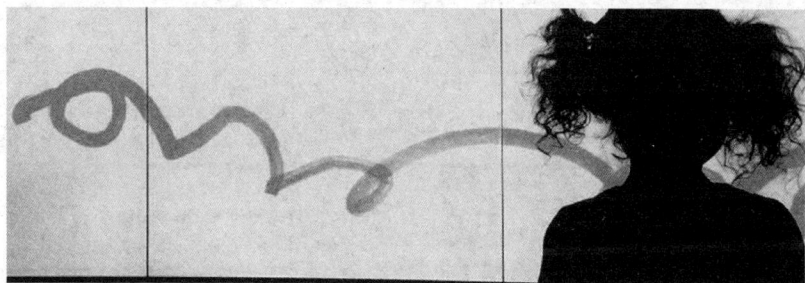

图 4-14　"线条和形状"多触点显示屏

在"分类和匹配"（Sorting and Matching）互动体验中，儿童要在规定时间内将屏幕上的各类艺术品按主题、类别、材质等元素进行分类。而且，为了适合不同年龄段儿童的使用，该游戏还分了难度级别。

## 第二节　移动应用程序和手持移动设备

"艺术视窗"（ArtLens）是克利夫兰美术博物馆开发的移动应用程序，它使参观者可以在博物馆和家中都能欣赏到馆内的展品。在"一号画室"创新互动空间中，移动应用程序和馆内的手持移动设备为参观者提供了一个全新的互动体验。

"艺术视窗"APP 主要有五大功能：让参观者获取关于展品的更多文字、图片、视频等信息介绍；有博物馆的地图，能够定位参观者的位置，提供博物馆推荐的参观路线以及其他参观者上传的路线，也鼓励参观者创作自己的参观路线，并与他人分享；获取展览快照以及博物馆当天的活动情况；在手持移动设备上扫描带有特定图标的展品，以获取更多关于展品的信息；选择自己喜欢的展品，保存至"我最喜爱的播放列表"中，并能实时通过"脸书""推特"等社交平台和电子邮件与他人分享①。参观者可以使用自己的手持移动设备，也可以租用博物

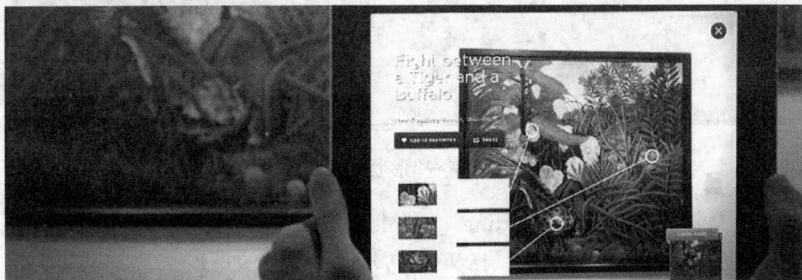

图 4 – 15　参观者扫描展品获取更多信息

---

① ArtLens[EB/OL]. [2014 – 07 – 28]. http://www.clevelandart.org/gallery-one/artlens.

馆的 iPad,每台的租金是 5 美元一天,馆内配备约 70 台 iPad①。

图 4 - 16　参观者使用馆内参观的手持移动设备

参观者使用移动应用程序扫描藏品获取关于展品更多信息的这一功能扩展了传统展品解说的局限性,参观者不再仅仅限于展品墙面标签所覆盖的内容,而是能够获得关于该展品的艺术技术、艺术家传记、作品意义、创作细节等更多丰富的内容。突破"展品标签解说"的这一理念被广泛运用在卢浮宫博物馆、洛杉矶当代艺术博物馆、"9·11"国家纪念馆和纽约大都会艺术博物馆等大型博物馆中②。总之,便携式手持移动设备和移动应用程序使克利夫兰美术博物馆的参观更加个性化、趣味化。

---

①　Cleveland Museum of Art Uses iPad for Visitor-Personalized Tours[EB/OL]. [2014 - 07 - 21]. http://www. macrumors. com/2013/03/20/cleveland-museum-of-art-uses-ipads-for-visitor-personalized-tours/.

②　Gallery One:A New Unique and Interactive Gallery Opens at the Cleveland Museum of Art[EB/OL]. [2014 - 07 - 19]. http://www. allartnews. com/gallery-one-a-new-unique-and-interactive-gallery-opens-at-the-cleveland-museum-of-art/.

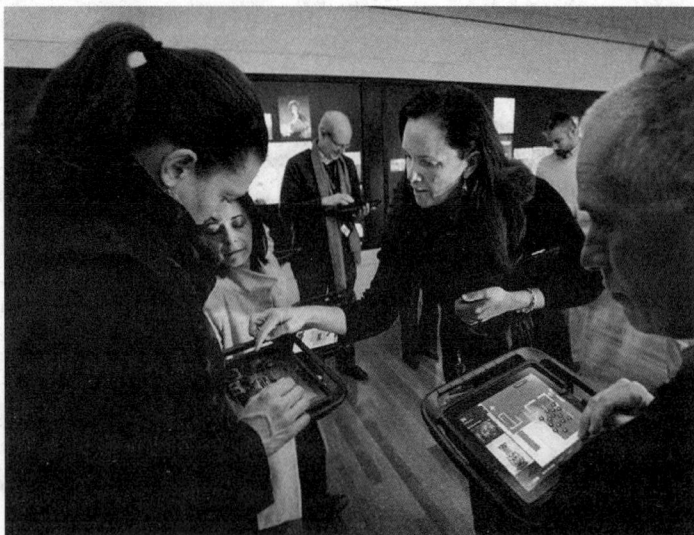

图 4 - 17　馆员在指导参观者使用馆内参观手持移动设备

# 第三节　经验借鉴

## 一、"用户为中心"的理念支撑

"一号画室"的设计理念是将参观者置于优先考虑和中心位置,试图将艺术与参观者联系在一起,创造一个互动的空间。在这个空间里,以一种用户体验而不是说教的方式让参观者自己与艺术相遇、与他人分享自己的体验。博物馆鼓励参观者主动融入展品,而不是让博物馆"影响"参观者的观赏,改变博物馆"独自在那儿发声"的被动接受方式,让参观者主动"发出自己的心声"。可以说,"一号画室"作为克利夫兰美术博物馆的一部分,目标就是赋予参观者更多的权利,促使参观者以更大的热情、更深的理解和好奇心来欣赏艺术、欣赏藏品,培养和激发参观者的兴趣和爱好。将克利夫兰美术博物馆打造成集学习、探索、放松、休闲和娱乐等为一体的场所,让博物馆成为市民日常生活中的一部分。

## 二、馆内外力量充分合作

"一号画室"创新互动空间在其设计、实施、体验的过程中调动了多方力量,实现资源利用的最大化。一方面,克利夫兰美术博物馆内各部门之间密切配合,包括策展部、信息管理和技术服务部、教育和讲解部、设计部等;另一方面,充分调动了社会力量参与设计和实施,与"本地项目"(Local Project)公司合作,它的创始人杰克·巴顿(Jake Barton)是交互设计空间大师①。该公司负责克利夫兰美术博物馆所有的理念创意、多媒体设计、软件研发、设备运用等,还聘请了其他领域的专家和相关企业担任设计顾问。

## 三、多方资金支持

克利夫兰美术博物馆创新互动空间的各个创新项目获得了丰富的资金来源。维尔家庭基金会(Maltz Family Foundation)是最大的资助方,资助了1000多万美元,美国国家人文基金会(National Endowment for the Humanities)资助了50万美元,美国联邦博物馆和图书馆服务研究院(Federal Institute of Museum and Library Services)资助了15万美元等,多方的资金支持确保了项目的顺利推进②。克利夫兰美术博物馆的创新互动项目自2005年就开始启动,截至2014年年底,总投资累计超过3.5亿美元。

---

① About Local Projects[EB/OL].[2014－08－10].http://localprojects.net/about/.

② Collaborators[EB/OL][2014－07－28].http://www.clevelandart.org/gallery-one/collaborators.

## 四、项目实施前充分调研

克利夫兰美术博物馆创新互动项目的实施基于大量的调研之上。2009 年克利夫兰美术博物馆开展了多项研究,发现参观者由于不具备相应的艺术知识和艺术素养,只能沦为艺术品的"浏览者",参观过程不是基于个人的切身体验和理解,而是被动地接受。大多数参观者不愿意仔细阅读展品的解说文字,只是"走马观花"式地看看展品的说明标签。这种从一个展品到另一个展品的"浏览模式"缺乏整体性和系统性的体验,给博物馆学家和博物馆、美术馆的策展者们带来了很大挑战。

此外,2009 年发布了《身份和博物馆参观者体验》(Identity and the Museum Visitor Experience)研究报告、2011 年发布了《点燃艺术的力量》(Ignite the Power of Art)调研报告等,这些研究不仅搜集了统计学上的一般性数据,还融入了个人动机、个体行为等要素的分析,甚至获得了参观者在博物馆中的行为和参观动机等更详细的分析。

正是因为有了前期的调查和分析,让克利夫兰美术博物馆对参观者的互动行为有更深入的认识和了解。这些调查和研究使克利夫兰美术博物馆更好地了解不同的参观者类型以及如何才能激发不同人群参观博物馆的兴趣爱好,让博物馆、美术馆改变传统的"被动式"浏览模式,参观者与艺术品之间实现充分的互动。

## 五、先进技术运用

"一号画室"是一个技术广泛渗透的互动空间,无论是多触点显示屏、互动画室、互动屏还是移动应用程序"艺术视窗"(ArtLens)的应用,每一个互动程序和空间的打造以及设备的运用都蕴含了先进的技术支持。多触点显示屏——"照片墙"的支持软件是开放架构,显示屏背后的 RFID 芯片能够自动识别参观者的点击,运用大数据技术记录下参观者与屏幕的互动行为,利用云计算自动产生出一个权值。博物馆馆员能够根据数据分析,详细把握参观者在馆内的互动情况,对克利夫兰美术博物馆的互动空间的各项设置形成反馈。在互动技术被广泛应用的同时,所有数据采取动态管理模式。

Gallery One的数据流动
2013年2月27日,周三

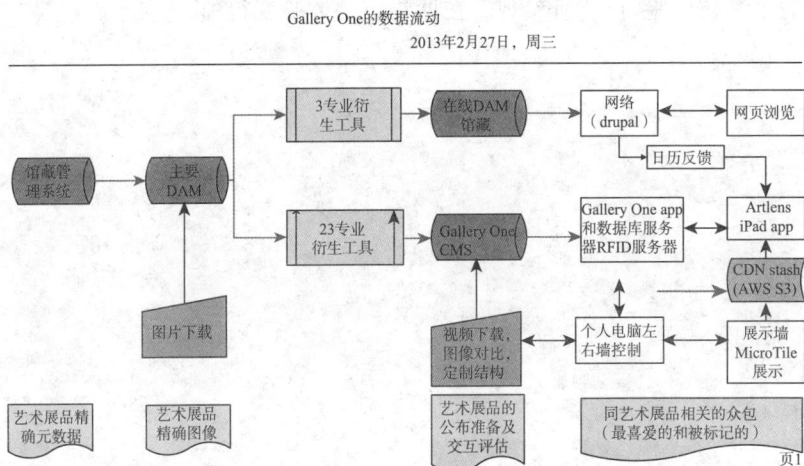

图 4－18　Gallery One 的数据流动

同时,为了确保设施设备的硬件水平能跟得上技术变化,并同时兼顾经费和项目灵活性等多方面,克利夫兰美术博物馆运用了一个试听整合器(AV integrator)在整个过程中进行协调,还采用了室内三角测量系统(Indoor Triangulation System,简称 ITS)定位参观者的位置。ITS 系统能够在 2—3 米的范围内跟踪各类手持移动设备,并记录下参观者在展品前的停留时间以及参观者与手持移动设备的互动等情况,进而衡量克利夫兰艺术博物馆的创新互动空间是否成功、如何改进①。

① Transforming the Art Museum Experience:Gallery One［EB/OL］.［2014－07－29］. http://mw2013. museumsandtheweb. com/paper/transforming-the-art-museum-experience-gallery-one-2/.

　　克利夫兰美术博物馆"一号画室"创新互动空间在艺术和科技融合方面做了许多创新、大胆的尝试，改变了以往传统的博物馆参观流程，变被动为主动，让参观者成为"积极的艺术欣赏者"，通过融入大量的个性化体验，让所有参观者在博物馆的体验变得独一无二。

# 第五章　　国外博物馆、科技馆等数字实体空间

## 第一节　美国犹太人历史博物馆数字实体空间

### 一、基本情况

美国犹太人历史博物馆是美国唯一一个专门用于保存、记录、展示犹太人在美国发展和奋斗史的大型国家级博物馆。博物馆采用了多种技术手段，搭建出立体化的数字实体体验空间环境，如"只身在美国""当代问题论坛""说出你的故事"等，使参观者最大限度地参与其中。同时，博物馆内还设计装配有多种互动设施设备，针对特定的历史陈列目标进行多元展示，如"自由之梦""关联图"等，使参观者在观看陈列展览的同时能够有身临其境的交互式体验。这些人性化、多元化的数字实体空间和设施将博物馆由传统的单向陈列空间变成了大众参与度较高的公共空间。

美国犹太人历史博物馆（The National Museum of American Jewish History）是史密森系列博物馆之一，位于美国宾夕法尼亚州费城的市中心，紧邻自由钟和独立厅，始建于1976年，当时的建筑面积仅1393平方米。2010年，造价1.5亿美元的新馆建设完成并对外开放，面积9290平方米。新馆设计并采用了多种现代化设施设备与技术手段，针对特定的历史陈列目标，运用前沿的科技手段，搭建出立体的数字化空间环境，使参观者在观看陈列展览的同时对博物馆展品有着更加真实的体验。

### 二、互动体验

1. "只身在美国"互动屏

"只身在美国"（Only in America）互动屏由两幅圆弧形的高清电

子显示屏环绕起一个半封闭式的空间,上方安装有四部数字投影仪。屏幕上播出犹太人在美国的历史短片(每片约1—2分钟)。通过观看历史短片,参观者在进入博物馆参观伊始,就可以大致了解犹太人在美国的奋斗历程和辉煌成就。

在短片的播出间隙,电子屏幕上还会循环播放不同的图片或照片集,这些图片或照片的展示内容都与博物馆自身息息相关,且主题多样,显示有博物馆的捐建者名单、绘画获奖者简介等,旨在让参观者对博物馆的整体概况和馆藏展览有全面的认识。

图5-1　循环播出的历史短片

图5-2　循环播放的照片集

## 2."当代问题论坛"互动屏

"当代问题论坛"互动屏(the Contemporary Issues Forum)旨在吸引、鼓励参观者思考并加入当代社会发展问题的互动讨论中。空间四周设置了四块电子互动显示屏幕,每块屏幕上分别写着一个当下的热点问题。互动屏中间是留言台,留言台上同时提供三种颜色的便签纸,分别代表着"同意(Yes)""不同意(No)""迟疑(Um)"三种意见。参观者可以针对某一问题,自取相应颜色的便签,写上自己的态度和观点,并将其扫描后张贴在电子屏幕上。于是,参与者在便笺上所写的内容将被系统保存,并逐一展示在相应问题的电子屏幕上,这样就可以看到所有人的意见和观点。供参观者讨论和思考的问题会定期更新,基本上都是围绕着社会热点和焦点问题,如"政府该不该进一步调控房地产业""犹太人是否属于白种人""异教徒通婚对于宗教团体来说是一种威胁吗"等。

工作人员通过后台对内容进行维护,管理空间的整体运行效果,通过系统检测获得反馈。这种公众参与度高的数字互动空间将博物馆带入了公共对话领域,强化了博物馆的话语权。

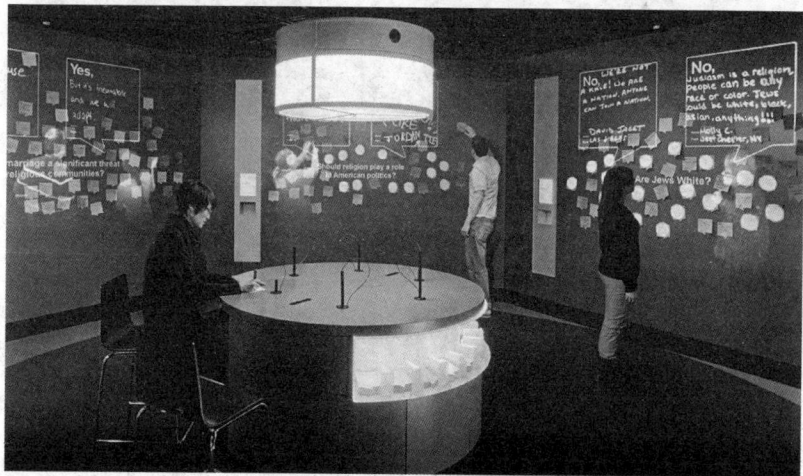

图 5-3　"当代问题论坛"互动屏与中央留言台

3."说出你的故事"录音室

"说出你的故事"录音室(It's Your Story)是博物馆内设的一个独立密闭空间,配备有全套自助式摄录像设备。参观者进入录音室后,根据语音指示,进行简单操作,对着摄像头讲述自己作为犹太人的感受、亲身经历,或是与身边犹太人相处、交往的各种生活趣事等。录下来的故事经后台筛选后,可以通过房间外墙上的屏幕进行回放和分享。

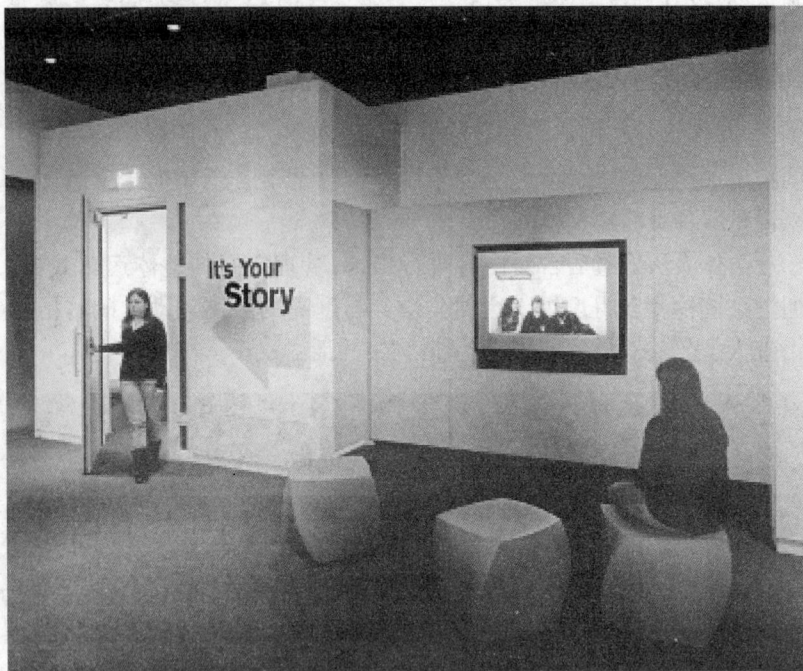

图 5 – 4 "说出你的故事"录音室

4."自由之梦"投影墙

"自由之梦"投影墙(Dreams of Freedom)采用数字签名投影、3D 扫描和塑形技术等,将影像与实体雕塑相结合。其特点是能够在物理起伏的可丽耐①(Corian)幕布上进行投影,营造出立体生动的视觉效果。

"自由之梦"投影墙所展示的内容主要为欧洲犹太人移民来到美国后的奋斗历程以及犹太移民与家乡亲人、朋友的书信。投影墙的设计团队在创意之初,搜集并阅读了上千封信件,并从中找出典型的犹太移民的故事作为主线,并配上信件中的语句段落和适当的图片,结合投影接收表面的物理形态,逐一展示主题内容(图5-5)。

图片和内容恰到好处地结合,与背景立体信件墙面融为一体,凸显了犹太移民生活的沧桑和艰辛历程,从视觉效果上很容易吸引参观者,引起共鸣,比传统形式的图片展或雕塑所呈现的效果更佳。

图5-5 "自由之梦"投影墙上的图片

---

① 可丽耐(Corian)是美国杜邦公司研制的一种人造大理石。

图 5 - 6　投影出信件的效果

5. "人物关联图"互动屏

"人物关联图"互动屏(Competing Visions)是博物馆中设立的一幅
52 寸的交互式触摸大屏幕,屏幕上面有 70 多位在戏剧、音乐、无线电、
艺术、舞蹈、电影和文学领域影响了世界的著名美籍犹太人。触屏点
击每一位人物便可以看到对其生平与事迹的简单介绍。

如果想要进一步了解这些人物,则可以根据屏幕上各个人物延伸
出来的延长线进一步查看,并找出这些人物之间的联系。点击提示线
索,可以看到被连接起来的两位人物的共性、影响力、事件和观点等信
息。这一交互式的浏览模式允许参观者不断探索和定义这些人物个
体间的关联。

图 5 - 7　"人物关联图"互动屏

6. "革新和扩张"互动屏

"革新和扩张"互动屏(Innovation and Expansion)利用触屏技术和电脑绘图技术,再现历史故事。在交互式的、动态可观的互动大屏幕上,犹太人迁徙、发展、生活的历史轨迹和故事被一一呈现(图 5 - 8)。展示内容既有大时代背景下的群体迁移与变革,也有小家庭在时代变迁中的生活故事。参观者点击感兴趣的内容条目,就可在平铺放置的大屏幕上看到相应的视频和介绍,从而进一步了解犹太人在美国的迁徙与发展。

图 5 - 8　"革新和扩张"互动屏

### 7. "犹太移民"模拟体验

"犹太移民"模拟体验（the Immigration Experience）是博物馆内的
一项体验游戏。系统设置
了 4 个不同身份的"犹太
人"，参观者点击大屏幕，
进入"移民体验界面"，选
中"体验人物"，开始一段
"他/她"的移民旅程。

屏幕上模拟了 20 世
纪初期犹太人的移民经
历，包括对犹太人开放的

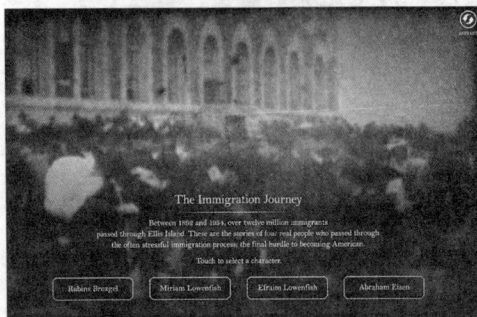

图 5-9　进入移民体验界面

入境口岸、需要办理的手续、交通工具，较为真实地还原了犹太人如何
移民美国、如何在美国生活的过程。这个体验不仅让犹太人参观者体
会到当年自己的先辈们所经历的移民历程，也让更多的人进一步了解
犹太人的艰难奋斗史。此外，在模拟体验还设置了许多小游戏，均与
犹太移民到美国后的生产生活息息相关，如农场游戏、锯木头游戏等。

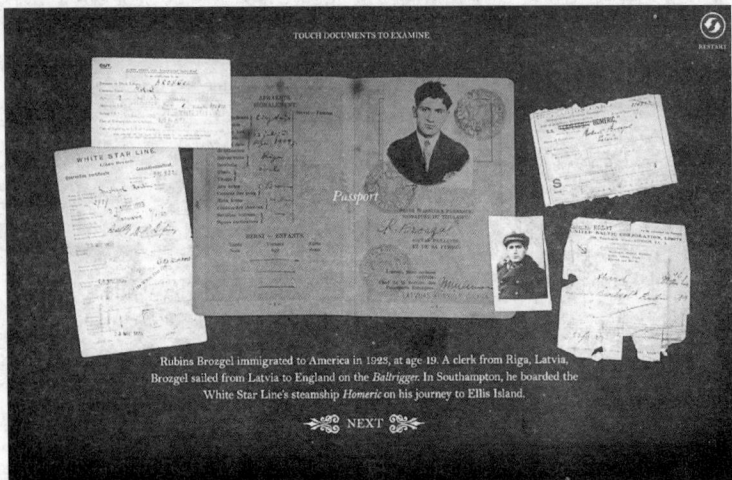

图 5-10　选中"体验人物"

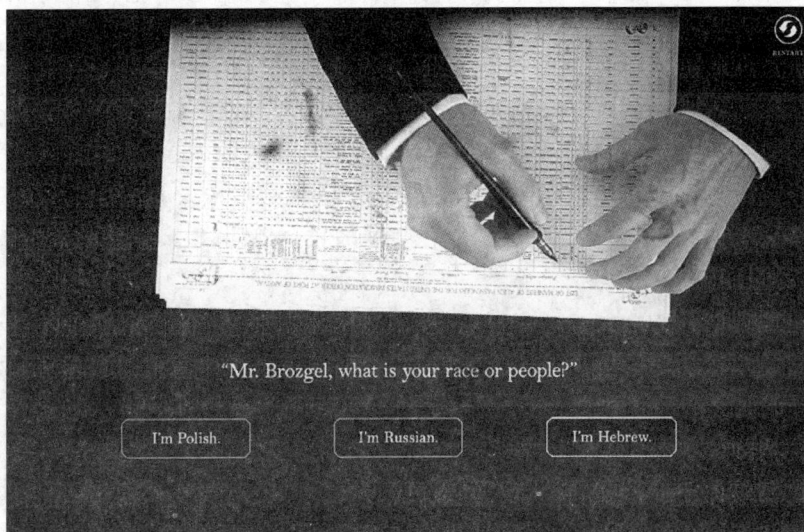

图 5 - 11　体验犹太人移民申请

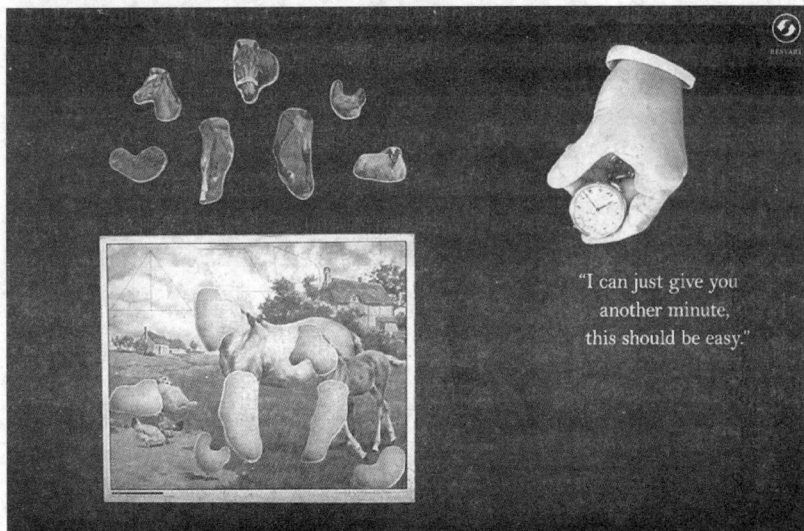

图 5 - 12　农场游戏体验

8."犹太教堂"模拟体验

博物馆内设有一个等比例的犹太教堂体验厅（the Synagogue Experience），内部装饰风格和布局细节均与犹太教堂一模一样，这个大厅安装有全套立体音像播放设备，循环播放犹太人教会生活的影片。点播影片，参观者能够通过影片看到二战后的犹太人教堂和教会生活，使更多人进一步了解犹太人在美国的教会生活以及对宗教信仰的态度等。

图5-13 "犹太教堂"模拟体验厅

9."我的社交圈"数字剪贴簿

博物馆二层设有一个"我的社交圈"数字剪贴簿，用来定期发布、更新参观者们上传的生活照。任何观众都可以参与并有机会在上面发布自己的信息，参与方式有两种：一是在馆内通过交互式的数字平台提交发布，二是在任何地方通过网络在线提交发布。工作人员将接收到的信息通过编辑整理，发布在数字剪贴簿上。这一平

台旨在促进参观者,尤其是犹太人群体间的互动交流,活跃博物馆
氛围。

综上所述,美国犹太人历史博物馆的数字实体空间和互动设施建
设体现出了3个主要特点:一是科技化程度高。第一时间运用了数字
投影、3D打印和雕塑、电子触屏、移动互联等尖端科技成果。二是注
重用户互动体验。几乎所有的数字实体空间和设施都强调并支持硬
件与参观者的交互。三是馆内的数字设施设备并非高度集中于同一
空间,而是根据并结合所提供服务的需要或所展陈物品的信息内容,
分隔打造多个数字实体体验空间。总之,通过建设互动式的数字实体
空间及设施,可以将博物馆由传统的单向陈列空间变成一个大众参与
程度高的公共空间。

图5-14　参观者在平台上分享生活照

## 第二节　法国卢浮宫 DNP 博物馆实验室数字实体空间

### 一、基本情况

日本印刷有限公司（Dai Nippon Printing Co.，Ltd，简称 DNP）是目前世界上规模最大、产品最全面的印刷公司，不仅为日本，也为世界各地超过三万多家的客户提供多样化的产品和服务。公司自 1876 年成立以来，业务范围不断扩张至包装、建筑材料、电子产品和能源开发利用等领域，产品销量在世界上一直处于领先水平，不断在信息传递形式和信息处理技术上创新。在法国，DNP 公司为其附属产品"欧洲影像"工程（Photo Imaging Europe）提供了一系列先进的拍照和图像处理技术。此外，DNP 公司还积极活跃在文化领域。依托先进的打印和信息技术，DNP 公司在美术馆平面展示设计、博物馆当代版画的电子存档以及制作网络博物馆信息空间等多领域发挥了重要作用①。

卢浮宫与 DNP 公司的合作始于 1998 年的"卢浮宫网络空间"（CyberLouvre）项目。此后，双方还在诸多领域开展合作，如对卢浮宫藏品进行图像存档、研发能够高清拍摄卢浮宫藏品的录像设备、建设卢浮宫的日语官方网站等。"卢浮宫—DNP 博物馆实验室"（Louvre - DNP Museum Lab）结合 DNP 尖端的信息图像处理系统，有效地将博物馆藏品展示与解说系统相结合，使博物馆、艺术品和参观者之间形成十分丰富的联系②。2006 年在东京五反田区，博物馆实验室项目陆续进入测试阶段，这是首次在博物馆展品展示方式上，运用当代最先进的数码科技互动技术和沉浸式虚拟现实技术来展出不同时期、地域和

---

①　Products and Services［EB/OL］.［2014 – 08 – 10］. http：//www. dnp. co. jp/eng/works/.

②　Past Presentation［EB/OL］.［2014 – 08 – 10］. http：//www. museumlab. jp/english/tech/04tech. html.

主题的艺术品。当时展出的卢浮宫藏品有著名的古希腊坦纳格拉无釉陶塑人像、意大利画家提香的圣母子与凯瑟琳和一只兔子以及法尤姆古埃及葬礼画像等。如今,这些技术和设备被广泛运用在巴黎卢浮宫、日本和世界各地的博物馆内。2012年开放的伊斯兰艺术画廊和卢浮视野展厅(Louvre-Lens)都运用了该博物馆实验室技术①。通过这些科技的运用,能够让参观者更好地"看""理解""感觉"这些艺术作品,增强人与物之间的沟通和对话。

同时,作为博物馆实验室项目的另一个部分,这种技术还被广泛用在日本的中小学课堂教学上,目的是为了让青少年儿童更加全面地接触博物馆之外的、日常生活中的各种艺术形式。

### 二、互动体验

1. "趣味问答"互动屏

"趣味问答"互动屏旨在帮助参观者更好地理解所欣赏绘画的内涵和意义,它摆脱了传统的"走马观花"式欣赏模式,以启发式的问题吸引和带动参观者仔细浏览展品的信息,兼具信息传递和知识普及功能。

触摸电子显示屏,首先需要参观者回答一系列针对该画的问题,如画中的人物、风景、意境、色彩、行为等。而对于普通参观者来说,大多不具备相应的知识背景储备,因此,想要顺利回答这些问题对大部分人而言是有很大难度的。于是,屏幕会提供关于该图的注释说明,通过浏览这些基本知识后,参观者不但能成功回答相应问题,还能进一步理解这些年代久远的艺术作品中的意义和内涵。

---

① Tokyo-Paris:Two LDMLs[EB/OL].[2014-08-10].http://www.museumlab.eu/greeting/tml/.

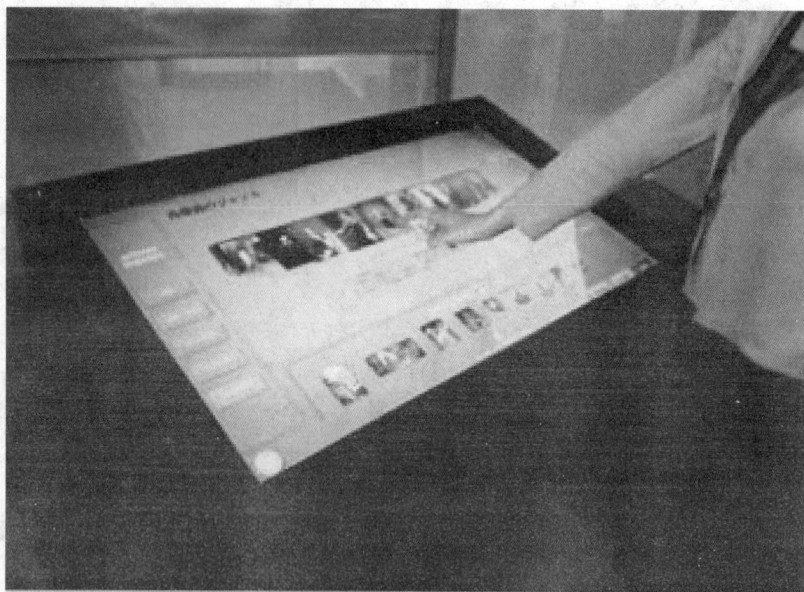

图 5 – 15　参观者参与"趣味问答"互动体验

## 2. 浮雕拼图体验

萨克提浮雕(Stela of Sakherty)作为卢浮宫中历史悠久的收藏品之一，对于参观者来说充满了无尽的神秘色彩。如何去说明它、解释它，更好地让参观者了解甚至记住它，成为展示这一类藏品的首要问题。在博物馆实验室中，一块块浮雕被搬上了屏幕，以拼图的形式出现在屏幕上[①]。

通过完成拼图，参观者在短时间内就可以迅速掌握浮雕中的各类图案、文字、人物和事件等，通过游戏过程中的各种信息提示，了解浮雕上的重要信息。该技术成功地把日常生活中的拼图小游戏与古埃及浮雕相结合，为参观者提供了一个了解历史、感受艺术的新视角。

---

① A Cutting-Edge Collaboration：The Louvre Comes to Tokyo［EB/OL］. ［2014 – 08 – 10］. http：//www. dnp. co. jp/artscape/eng/ht/1201. html.

图 5 - 16　"萨克提"浮雕实体图

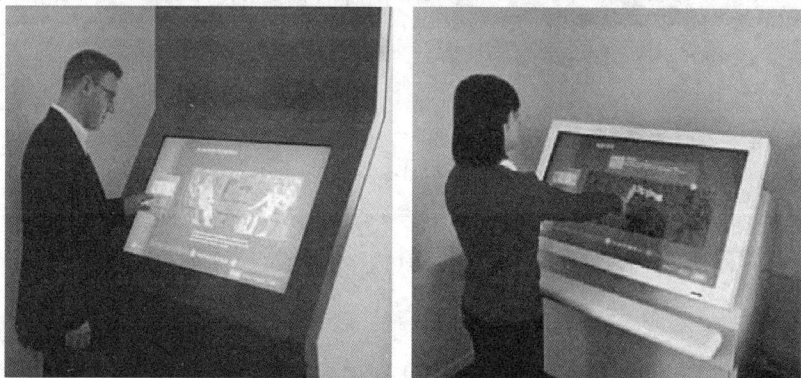

图 5 - 17　参观者正在触摸屏上完成浮雕拼图

3. 展品信息立式触摸屏

与普通触摸屏幕不同，博物馆实验室采用站立式触摸屏，以一种相对直观的方式体现藏品的历史性。该立式触摸屏有 3 个触摸平面组成，每一块屏幕展示的是展品在不同时期的相关信息。具体来说，参观者在屏幕上可以看到同一展品在不同历史时期发生的形式和功能上的演变、同一展品在不同时期经历的收藏经历或是一特定时期内同一类展品的信息等。

这项技术可以供多名参观者同时观看和操作，以分别获取关于展品的历史信息。博物馆实验室对于展品信息展示方式的创新在一定程度上改变了博物馆展品信息传播和参观者获取信息的途径，以动态可观的效果，更好地将用户与数字化共享有效结合起来。

图 5 - 18　站立式触摸屏全貌　　图 5 - 19　参观者正在屏幕上浏览信息

4. 三维动态图解

这项技术在传统的文字信息展示同时，以三维文物及声音播放模式，为参观者提供集图、文、声于一体的展品说明，多运用在单件藏品的展示中，如古埃及祭祀所用的一只石灰鹅和十八世纪的法国塞弗尔软质瓷①。

---

① Louvre-DNP Museum Lab[EB/OL]. [2014 - 08 - 10]. http://www. louvre. fr/sites/default/files/medias/medias _fichiers/fichiers/pdf/louvre-louvre-dnp-museum-lab. pdf.

参观者可以通过屏幕看到三维立体的图形解释说明,详细介绍展品的时间、制造者、成分、材料、制作过程、功能、意义和背景等各类信息。这种全方位、多角度的剖析,为参观者提供了一个更加仔细深入的信息获取渠道,让那些"不会说话的"实物在参观者的脑海中活起来。

图 5-20 三维立体图解

图 5-21 塞弗尔软质瓷三维立体图解

5."酒会再现"体验

卢浮宫—DNP博物馆实验室项目一直在寻求和不断创新那些为参观者提供形象生动的展示方式，因地制宜，有效地结合了展品的具体特征、功能和意义。

图5-22 "宫廷晚宴"幻影成像

卢浮宫内关于古希腊神话中"酒会"这一场景的作品不胜枚举，从画作、瓷器到雕塑等。通过幻影成像技术将一幅幅热闹欢快的场景连续不断地投至大屏幕上，配上环绕立体声，让参观者仿佛置身于千百年前场面盛大的酒会。

幻影成像技术还被用于展示1751年法国路易十五时期（Louis XV）的一副宫廷晚宴油画上。静态画作所无法完全表现的内容，在视觉和听觉设备的共同作用下被生动地诠释出来了，为参观者营造出高贵典雅的皇室晚宴氛围。

图5-23 "希腊酒会"幻影成像

6. "历史故事动态串联"体验

博物馆实验室研发的动态图解技术成功地将众多展品串联在了一起,成为一个有关联的整体。但必须注意,这些展品之间所要表达的主题和内容本来就有一定的关联性,如在博物馆实验室中就围绕大力神赫拉克利斯(Heracles)的故事进行了一系列展品之间的串联①。因此,对展品之间的人物关系、故事情节、历史背景等关键信息的研究调查成为这项技术成功的前提。最后,以真人演绎或动画片形式(animated map)在屏幕上播放出来。

图5-24　相互关联的四件展品

———————

① The Tenth Presentation[EB/OL].[2014-08-10]. http://www. museum-lab. eu/mls/index. html#/10/02.

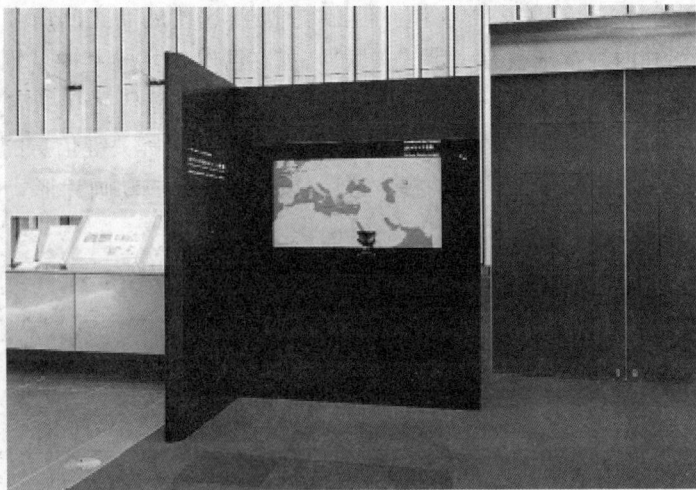

图 5 – 25　动态图解屏幕

7. "法老祭祀"模拟场景体验

博物馆实验室通过将感应器与增强现实（Augmented Reality，简称AR）和电脑绘图（Computer Graphics，简称 CG）两大技术相结合，让参观者亲身体验古老、神秘的埃及亡灵祭祀仪式。

参观者根据语音提示，操作带有内置传感器的器具模型，如香炉、酒杯、祭祀台等一些古埃及祭祀的必需品，屏幕中就会呈现出祭祀的虚拟效果图。这种手动互动体验（Active Hands-on Experience）创新性地将复杂烦琐的祭祀过程通过一种通俗简易的操作模式表达出来，为参观者带来视觉、听觉和触觉的全新立体感受。

图 5 – 26 参观者体验祭祀场景模拟

8.“塑造完美姿势的你”体验

雕塑的创造是以人类身体姿势为原型,为了充分体验雕塑的造型,实验室开发了一项名为“塑造完美姿势的你”(the Male Nude and the Quest for Perfection)的趣味项目。参观者可以尽情模仿各种雕塑的姿势,而参观者的身体三维立体图则在屏幕上与雕塑进行数据对比,让参观者体验身体姿势创造的艺术魅力。

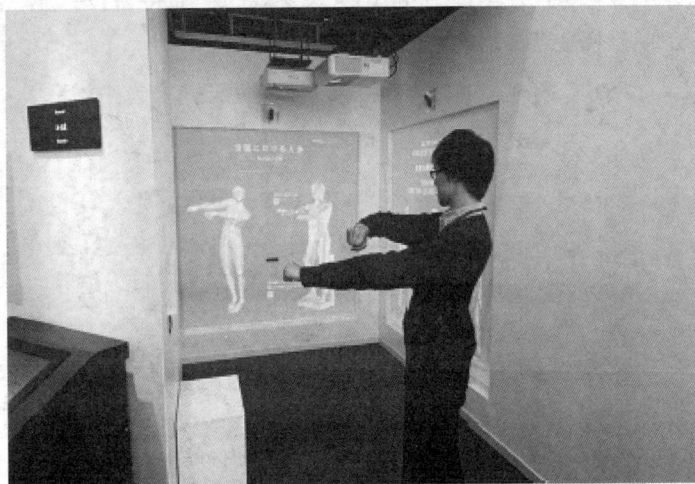

图 5 – 27 参观者模仿雕塑姿势

9. "你自己的设计"体验

为了给参观者带来美学上的享受,博物馆实验室开发了两项旨在强调艺术设计的互动体验。一是家居设计体验"设计自己的空间"(Design Your Own Decoration),二是绘画创作体验"设计自己的画作"。在"设计自己的空间"的体验中,电脑生成的图案能够直接投影到地面上,通过移动电脑屏幕中的家具,地面的家具投影也会随之改变,使参观者能够"身临其境",充分发挥想象,充分体验自主设计的过程。参观者可以选出一副自己最理想的空间设计图,打印出来带回家。

除了体验家居空间设计,参观者在"设计自己的画作"的绘画体验中还可以将部分数字化处理过的经典画作进行背景和颜色变更。这个名为"Cistué 机器"(Cistué Machine)的图形处理软件就为所有参观者创造了一个可以重塑名画的机会。在屏幕上,参观者能够通过触摸选项来改变电子画的色调、光线、背景甚至绘画风格等元素。参观者也同样可以把自己的"得意之作"打印出来,留作纪念。这些游戏不仅能激发引参观者的兴趣,还能够让前来参观的人通过科技手段去切身感受绘画艺术的博大精深。

图 5-28　体验"设计自己的空间"

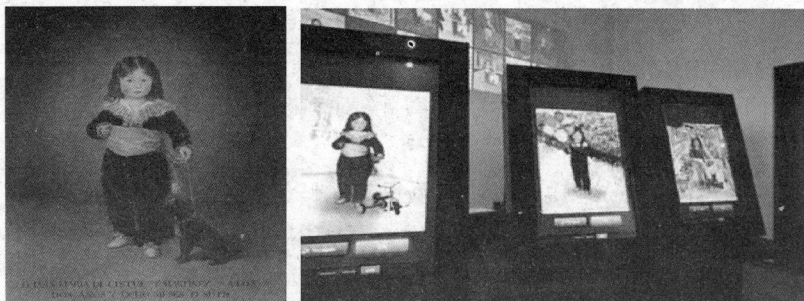

图 5 - 29　体验"设计自己的画作"

　　DNP 博物馆实验室项目让前来参观博物馆的人更加充分地了解到这些珍贵艺术品背后的故事——它们象征了什么、作者想表达什么、创作的背景是什么、为何在人类历史上它们拥有如此震撼的魅力等。通过不断创新藏品的展示方式、增加人与藏品之间的交流,为参观者开拓一个欣赏艺术的全新视野,这就是卢浮宫—DNP 博物馆实验室的宗旨和使命①。

## 第三节　美国"9·11"国家纪念馆数字实体空间

### 一、基本情况

　　"9·11"国家纪念馆(the National September 11 Memorial & Museum)由国家纪念馆和国家博物馆两部分组成,位于纽约世贸中心双子塔遗址。纪念馆于 2011 年 9 月 12 日对外开放,博物馆于 2014 年 5 月 21 日面向公众开放,纪念馆占地约 3.23 万平方米,博物馆占地约

---

　　① Museum Lab Panorama[EB/OL]. [2014 - 08 - 10]. http://museumlab.fr/mls/index. html.

1.02 万平方米,共耗资 7 亿美元①。馆内收藏了 1 万多件物品,2 万多张静态图像,500 多个小时的录像和影像资料以及上件口述资料。"9·11"国家纪念馆的门票为 24 美元(对死难者家属免费),每年有 6 天为"全天 24 小时开放日"②。

"最后一顶立柱""时间轴""反思'9·11'""数字签名""纪念墙"和"铭记"等是"9·11"国家纪念馆数字实体空间的各项互动体验项目,"纪念导航"和"发现'9·11'"是"9·11"国家纪念馆推出的移动应用程序。通过技术运用,让参观者在纪念馆中用自己的视角去缅怀"9·11 事件"的罹难者。"9·11"国家纪念馆实体数字空间也是由"本地项目"(Local Projects)公司负责。让人与艺术、人与城市、人与人之间通过技术和情感联系在一起是"9·11"国家纪念馆互动空间设计的理念。

## 二、互动体验

### 1."最后一根立柱"互动屏

这是在"9·11"恐怖袭击后留存的建筑物残骸。它屹立于整个纪念馆大厅中央,立柱前方的触摸互动屏能够显示每一个事件标记,只要点击屏幕,参观者就会看到每个标记背后的故事和回忆③。

① First Look:National September 11 Memorial Museum[EB/OL].[2014 - 08 - 11]. http://archrecord. construction. com/news/2014/05/140514-National-September-11-Memorial-Museum-Davis-Brody-Bond. asp.

② Inside the National September 11 Memorial & Museum[EB/OL].[2014 - 08 - 09]. http://www. foxnews. com/travel/2014/05/15/inside-national-september-11-memorial-museum/.

③ Inside the Tech of the 9/11 Memorial Museum[EB/OL].[2014 -08 -10].https://www. yahoo. com/tech/technology-brought-the-world-the-news-and-90600061439. html#.

图 5-30　"最后一根立柱"触摸互动屏

2. "时间轴"数字墙

"时间轴"数字墙(Timescape)是"9·11"国家纪念馆中一面特殊的数字互动墙,墙面上显示了自 2001 年以来与"9·11"相关的话题新闻,收集和聚合了来自全世界各类机构如美联社、谷歌新闻、路透社等多家媒体所报道的有关"9·11 事件"新闻信息 200 多万条。数字墙能够按时间顺序对新闻进行展示,显示新闻内容、图片、视频报道等。屏幕长约 10. 36 米,每 80 秒更换一次,动态、全方位地揭示了"9·11 事件"的新闻报道①。

①　New Museum Uses Algorithms to Visualize How 9/11 Still Shape The World [EB/OL]. [2014 - 08 - 09]. http://www. fastcodesign. com/3030603/new-museum-uses-algorithms-to-visualize-how-9-11-still-shapes-the-world.

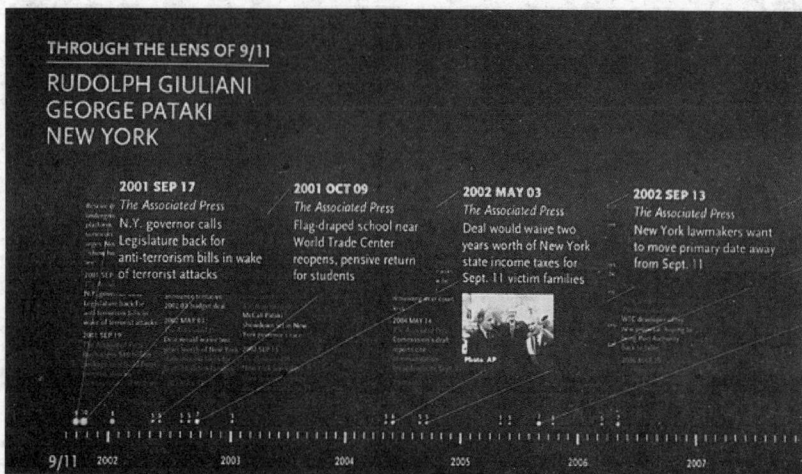

图 5 - 31　"时间轴"数字墙

3. "反思'9·11'"录音室

"反思'9·11'"录音室（Reflecting on 9/11）配备有 3 个视频和音频录像台，参观者将回答出现在他们前方自动台词提示器上的问题，他们的答案经过编辑后，将会投影在一个数字投影显示屏上。

参观者进入录音室，可以走进任意一个封闭的隔音展位，在地图上点击他们来自哪个国家，讲述他们眼中和记忆中的"'9·11'故事"。室内的录音设备会记录下来他们的故事，录音资料经参观者本人允许后将成为馆内资料的一部分，成为"发现'9·11'"移动应用程序中"听故事"的资料来源。

图 5 - 32　"反思'9·11'"录音室

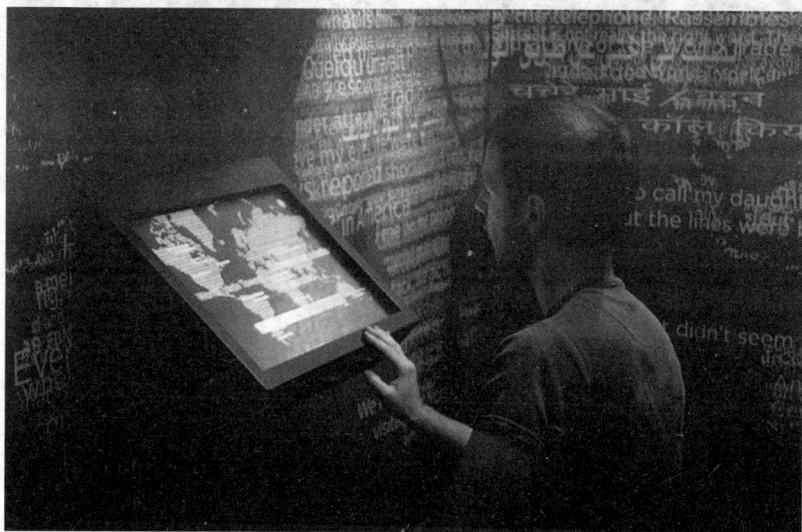

图 5 - 33　参观者讲述自己的故事

4.“纪念墙”互动屏

“9·11”国家纪念馆中有一面“纪念墙”互动屏(In Memoriam)，屏幕上有所有遇难者的照片，参观者通过纪念墙前面的机器，点击遇难者照片，就可以获取关于遇难者的生平信息①。参观者还可以使用交互式控制台，听到遇难者亲属的回忆和思念②。

图5-34 “纪念墙”互动屏

5.“留言板”数字签名墙

参观者可以在数字签名屏上写上自己的名字、国籍以及留言，这些“笔迹”会投影在前方24英寸的显示屏的一张世界地图上，并持续显示30秒时间。

---

① 9/11 Enters the Realm of Museum[EB/OL].[2014-08-10]. http://www.onthemedia.org/story/911-memorial-museum/.

② 9/11 Memorial Museum Opens in Manhattan[EB/OL].[2014-08-10].http://abcnews.go.com/US/911-museum-set-open-12-years-fateful-attack/story? id=23702026.

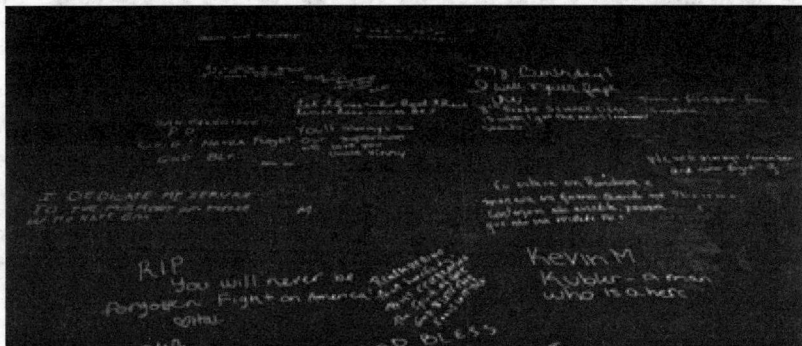

图5-35　"留言板"数字签名墙

### 三、移动应用程序

1."纪念导航"

"纪念导航"(Memorial Guide)移动应用程序可以在"9·11"国家纪念博物馆的官网上下载(http://names. 911memorial. org.),它是在纪念馆广场电子名录机的基础上进行了改进。纪念导航主要有三大功能:一是姓名查询,按照姓名查询罹难者的生平资料;二是听故事,倾听来自罹难者亲属、朋友及事件目击者的讲述;三是查询罹难者的姓名在瀑布纪念水池中的位置。此外,通过"纪念导航"移动应用程序,参观者可以查找到"9·11事件"中遇难者的详细信息,显示遇难者的生平资料,以及罹难者亲属和目击者的口述回忆[①]。

---

①　9/11 Memorial Guide [EB/OL]. [2014 - 08 - 10]. http://cn. androlib. com/android. application. org-national911memorial-names-iEnnx. aspx.

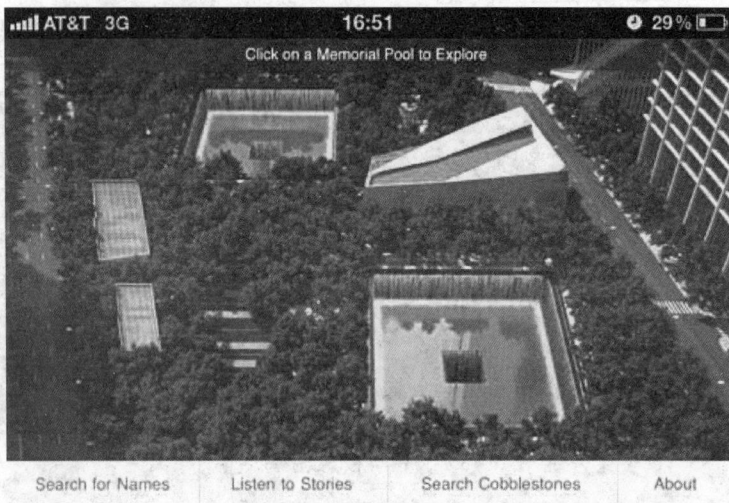

图 5 – 36 "纪念导航"屏幕截屏

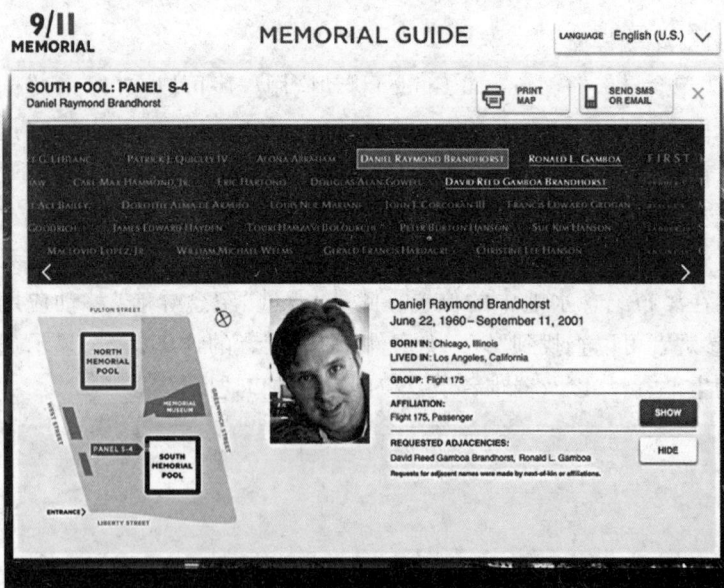

图 5 – 37 "纪念导航"屏幕截屏

图5－38　"9·11"国家纪念馆广场上的电子名录机

2."发现'9·11'"

"发现'9·11'"（Explore 9/11）是"9·11"国家纪念馆设计推出的另外一款移动应用程序,在该应用程序中,事件目击者能够通过自己的视角去认识和了解"9·11事件"。"发现'9·11'"移动应用程序也主要有三大功能:一是选择路线,能够自动选择世界贸易中心附近的步行参观路线,通过声频和照片进行路线参观讲解。移动应用程序中的"讲解员"则为"9·11事件"中的目击者、现场救援人员、志愿者以及幸存者等。二是可以浏览虚拟场景,能够在移动应用程序上浏览"9·11事件"图片和周边的废墟残骸,并且,运用了增强现实技术,将计算机生成的虚拟物体、场景和系统提示信息叠加到真实的场景当中,实现对现实的"增强",所有图片都是由幸存者和目击者提供给博物馆的。三是能够在移动应用程序上链接互动时间表,清晰地看到关于"9·11事件"发生之前和之后的互动事件列表,并通过点击,链接到这些时间点发生的新闻报道和图片中去。此外,"发现'9·11'"移动应用程序还可以在离线的状态下运行提供免费地图①。

---

①　Explore 9/11[EB/OL].[2014－08－12].http://www.itools.cn/details/387986451/.

图 5-39 "发现'9·11'"移动应用程序中的增强现实技术

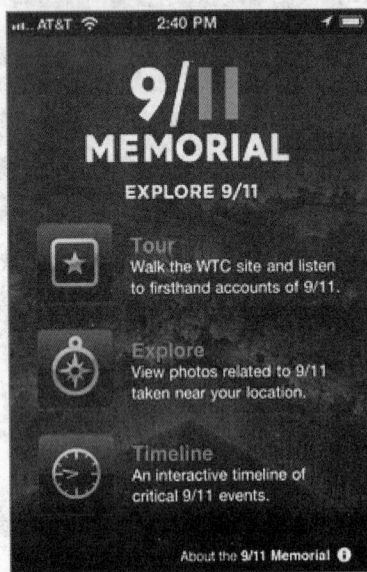

图 5-40 "9·11"移动应用程序截图

图 5 – 41　"发现 9·11"移动应用程序使用截图

此外,对现实场景的叠加技术也被广泛运用在世界各地。例如,2011 年,伦敦推出"街头博物馆手机应用程序"①,市民打开手机,将镜头对准程序中的街道、商店、桥梁、码头等城市实体景观"扫一扫"②,就可以立即在手机上浏览到该景观所承载的历史图片、历史事件、历史人物等信息。

图 5 – 42　在手机上扫描城市实体景观

---

①　Streetmuseum Londinium［EB/OL］.［2015 – 08 – 10］. http://mobilemuseum. org. uk/2011/11/streetmuseum-londinium/.

②　Museum of London apps:Streetmuseum, Londinium and Dickens［EB/OL］.［2015 – 08 – 10］. http://www. london24. com/news/technology/museum_of_london_apps_streetmuseum_londinium_and_dickens_1_1336755.

图 5 – 43　应用程序中虚拟画面截图

## 第四节　美国库珀·休伊特史密森设计博物馆数字实体空间

### 一、基本情况

始建于 1896 年的库珀·休伊特史密森设计博物馆(Cooper-Hewitt Smithsonian Design Museum)于 2008 年开始陆续对馆内外的设施进行整体翻新和提档升级①。2015 年 1 月完成改造并正式对外开放。改造后的博物馆本着"以参观者为中心"和"让展品'活'起来"的理念,旨在改变以往博物馆仅仅停留在用眼"看"的层面,重新审视参观者与展品之间的互动过程。库珀·休伊特史密森设计博物馆的特点和亮点主要集中在以下五点②。

### 二、互动体验

#### 1. 数字笔

参观库珀·休伊特史密森设计博物馆的一个重要的互动辅助工具就是这只数字笔。数字笔的功能在于能够通过扫描特定图标,自动读取和储存参观者在博物馆中所喜爱的展品,记录下参观者的绘画和创作等互动行为,并将这些互动体验的信息上传至"个人参观网上账户"。每一位进馆的参观者都拥有一个属于自己的独立的"个人参观网上账户",链接网址就在入馆门票的背后,当参观者购买门票时即可获得数字笔。

---

① Our Mission[EB/OL]. [2016 – 01 – 20]. http://www. cooperhewitt. org/about/.

② The 5 Coolest Things About The Revamped Smithsonian Design Museum[EB/OL]. (2014 – 12 – 09)[2016 – 01 – 20]. http://www. fastcodesign. com/3039370/the-5-coolest-things-about-the-revamped-smithsonian-design-museum#1.

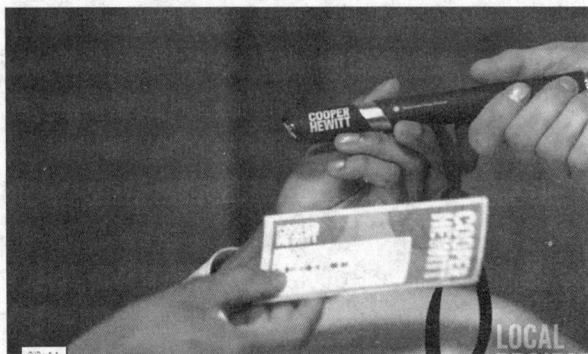

图 5 – 44　博物馆门票和数字笔

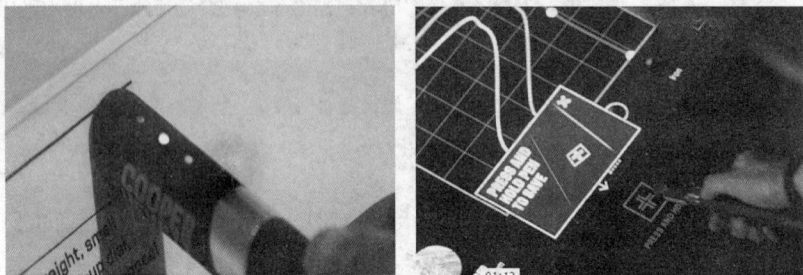

图 5 – 45　参观者用数字笔扫描并储存藏品

图 5 – 46　博物馆门票背面的"个人参观网上账户链接"

数字笔能够自动与每个人的参观账户进行匹配,当参观者结束博物馆的体验后,上网点击各自的账户链接,就能够清晰地看到通过数字笔所记录下的每一件展品的信息和互动体验的全过程。同时,参观者还能在网上浏览到对展品的详细说明,增加对自己所收藏展品的全面了解,是对博物馆内展品所提供信息的进一步补充和说明。同时,这个网上链接还能分享到个人社交平台上。

设计数字笔的初衷就是为了将展品实体、互动体验和网上共享这三者联系在一起,用于扩大博物馆的社会影响力。通过加深和扩大这样的互动体验过程,让更多的人知道,博物馆有什么、能够为我们带来什么、我们能够在博物馆里做些什么①。

2. 互动桌

数字笔所读取的信息均来自于高清触摸屏互动桌。每张互动桌长 84 英寸、宽 55 英寸、高 32 英寸②,可同时供六人操作。互动桌是库珀·休伊特史密森设计博物馆用于馆内展品展示和互动体验的重要设备,根据展品、功能和体验的不同,每台互动桌都配备了不同的软件。

参观者在桌面互动屏幕上可以通过"藏品浏览窗口"(Collection Browser)浏览到馆内的所有藏品。参观者可以浏览各类艺术设计的元素,并随意在屏幕上"捕捉"这些流动的艺术设计元素,组合成自己的设计,并合成 3D 效果图出现在屏幕上。

高清触摸屏互动桌的创新之处就在于只要参观者在"桌面"上用数字笔随意画出任意笔画和图形,桌面就能立即显示其藏品数据库中所匹配到的一件相似或有关联的作品,参观者还能继续发挥想象,在屏幕上进一步改造这幅作品的颜色、形状、线条、搭配等,并通过数字笔的存储,将自己的设计带回家。

---

① The Pen[EB/OL].[2016 - 01 - 20].http://www.cooperhewitt.org/new-experience/designing-pen/.

② The Interactive Experience [EB/OL].[2016 - 01 - 20].http://www.cooperhewitt.org/new-experience/.

图 5 - 47　参观者在高清触摸屏互动桌上体验

图 5 - 48　高清触摸屏互动桌可同时供六人使用

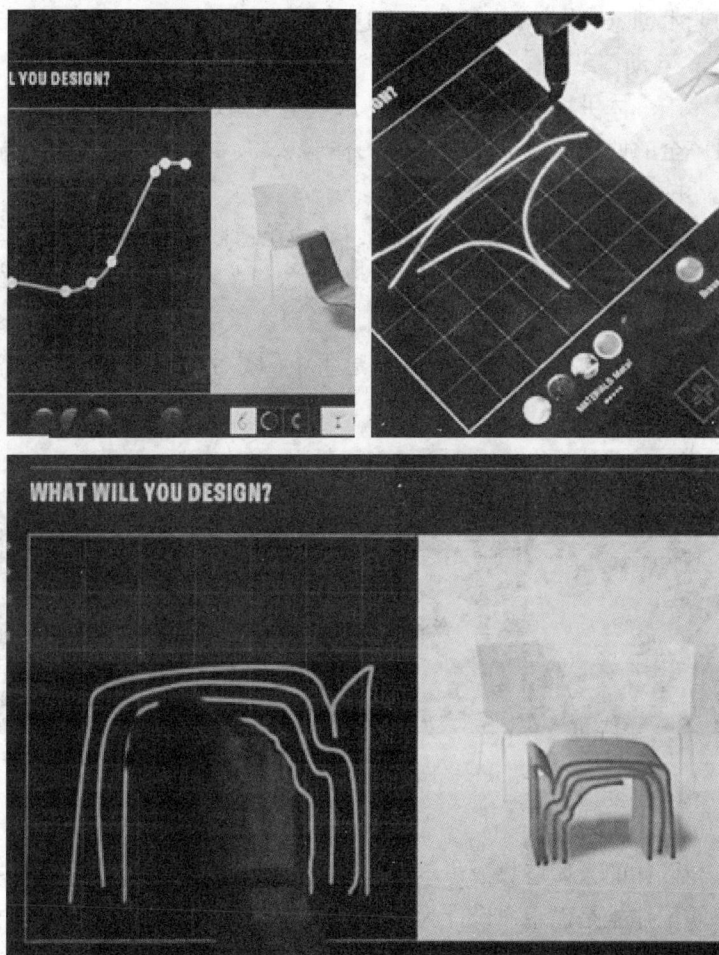

图 5 - 49　参观者在高清触摸屏互动桌上随意描绘造型

该互动和体验理念旨在将艺术设计中的造型元素与艺术实体进行无缝对接,鼓励参观者用自己的创意去发现和寻找展品,让天马行空的艺术创意、设计和作品改造在这里都能够实现。

3. 互动墙纸

库珀·休伊特史密森设计博物馆是全美国墙纸收藏种类最多、样式最齐全的博物馆。互动墙纸这一体验就将各类墙纸投影至实体墙面上,并配有对该墙纸的语音介绍。

通过现场感受,参观者不仅能领略该馆所收藏的各类墙纸,了解墙纸所处的时代背景、艺术风格、创作理念和在现实生活中的意义,还能将自己在互动屏幕上的墙纸设计投影到实体墙面上,现场体验自己的墙纸设计。同样,参观者能够通过手中的数字笔读取和储存,将自己的设计带回家。

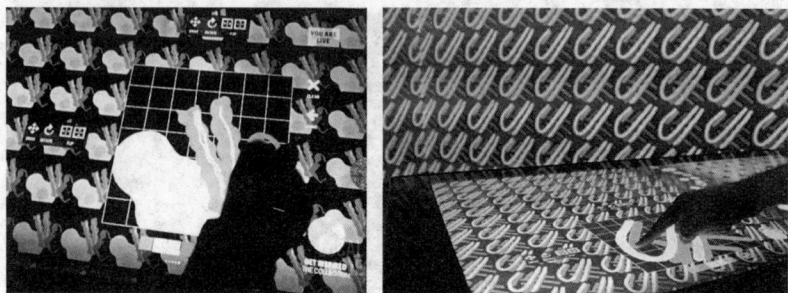

图 5 - 50　参观者的墙纸设计被投影在墙上

4. 匹配姿势

与以往的人体姿势模仿不同,库珀·休伊特史密森设计博物馆的姿势匹配体验是以用户设计为中心,通过人体的造型塑造来匹配与所塑造型相类似的艺术作品。屏幕前的移动传感器能够迅速读取参观者所塑造的任意姿势,通过后台的快速匹配,在屏幕中就能够看到与用户姿势相似的藏品。

　　匹配姿势体验的设计理念在于,一方面能够进一步加深参观者对于艺术设计和创意中造型的运用和体会,另一方面又能将馆内没有被展出的藏品,通过数字化的方式和手段进行展示。

图 5-51　参观者体验"匹配姿势"

## 5. 手工实验室

　　手工实验室为参观者打造了一个创意和设计的空间。参观者在互动触摸屏幕上进行素材选取、样式搭配(图 5-52),设计自己的艺术作品,再在实验台上用博物馆所提供的素材进行手工现场制作①。通过简单实际的操作,落实自己的设计和创意,并将自己的作品带回家。

---

　　①　ABOUT THE PROCESS LAB [EB/OL]. [2016-01-20]. http://www.cooperhewitt.org/events/current-exhibitions/process-lab/.

图5-52　参观者在互动屏上设计　　图5-53　参观者在手工台上制作艺术品

此外，当参观者在完成自己的设计后，不仅可以在互动触摸屏上看到其他参观者的同类设计作品，还能为其打分，评选出自己最喜爱的一幅作品。

# 第五节　美国圣地亚哥海洋馆数字实体空间

## 一、基本情况

圣地亚哥海洋馆（San Diego Sea World Adventure Park）位于美国的加利福尼亚州，是世界最大的海洋主题公园。自1964年开业以来，已经接待了超过一亿三千万名游客。为了更好地宣传海洋馆，2010年前后，圣地亚哥海洋馆陆续开始通过数字化的方式和手段展示海洋馆在海洋动物保护方面的努力，通过普及海洋动物保护知识，让更多人了解海洋生物。

## 二、互动体验

1. "海洋世界救援"电子显示屏

"海洋世界救援"是圣地亚哥海洋馆一个公益性的展示，目的是向人们传递保护海洋、爱护海洋生物的理念。在电子屏幕上，通过短片的形式展示并介绍圣地亚哥海洋馆正在从事的海洋动物救援工作，包括鲸鱼、海豚、海狮、海龟、水獭以及鸟类等,工作人员每天及时更新馆内的动物保护与救援工作现状。

2."海龟路线"互动屏

2012 年开设的"海龟路线"互动屏(Turtle Link)以交互式大屏幕的方式展现了海龟在世界海洋中的品种分布、游动路线、周围海洋环境、受保护状况等信息,参观者可以通过触屏,对感兴趣的内容展开进一步了解。同时,在互动屏上还可以追踪海洋馆救治后放生的海洋生物的生活状况。此外,海洋馆还配备了一个 360°3D 立体圆顶剧院,让参观者身临其境,体验海底世界的奇幻美妙①。

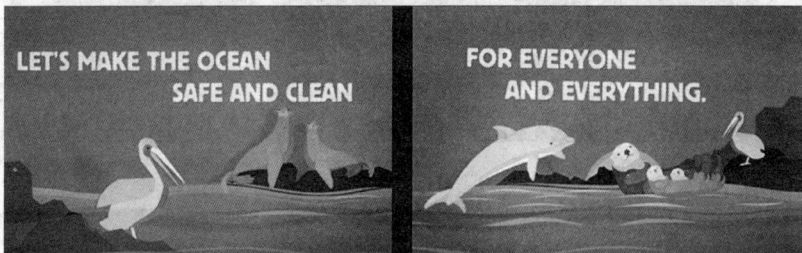

图 5 - 54　"海洋世界救援"电子显示屏

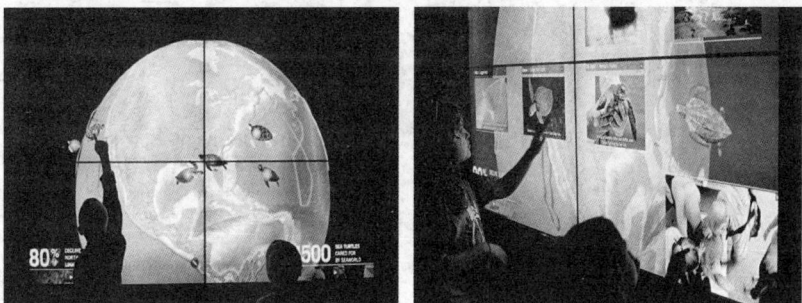

图 5 - 55　参观者体验"海龟路线"互动屏

① SeaWorld Orlando[EB/OL]. [2016 - 01 - 26]. https://seaworldentertainment. com/en/what-we-do/parks/swo.

图 5-56　参观者体验 360° 3D 立体圆顶剧院

## 第六节　美国加州科学馆数字实体空间

### 一、基本情况

创立于 1853 年的加州科学馆（California Academy of Sciences）不仅是美国第一个海陆空生物展馆的综合科研机构，还是全球一流的自然美术馆和国际领先的现代科学研究中心，长期从事十多项重大科学领域的研究工作。加州科学馆下设斯丹赫水族馆（Steinhart Aquarium）、莫瑞森天文馆（Morrison Planetarium）、金宝自然史美术馆（Kimball Natural History Museum）等展馆，收藏了数百万件馆藏。加州科学馆以其庞大的科学研究力量和馆藏而著称，并积极倡导科学在人们日常生活中的重要影响力。通过丰富多样的展览，不断加强和巩固参观者的科学意识。

## 二、互动体验

斯丹赫水族馆"水世界"数字展厅(Water Planet)是一个以高新技术为主要应用主体的展览空间,该数字展厅于 2008 年 9 月底与科学馆新馆同步对外开放,是纽约辛克设计公司的设计成果。其创意目的在于通过与水的"亲密接触",让参观者对水和海洋有一个更加感性的视觉观览体验。

展馆里最主要也是最醒目的数字化体验为高 180 厘米的立体墙塑造的"水世界"空间(图 5 – 57)。立体墙面通过专门的制图软件绘制而成,先描绘出精确细节样本,再以计算机操控铣床刻镂出面表模型,并用玻璃纤维翻制出浪潮状的墙板。在彩色灯光的照射下,墙面呈现出波涌流动的壮观视效,与墙后间隔的数十个水箱窗口和谐搭配。同时,墙面还能兼做大型屏幕,巡回播放与水、海洋、地球、生命相关的视频短片,并呈现出高显像度的整体画面感。参观者可以通过点击屏幕上的互动信息,选择观看感兴趣的图片和视频内容。

图 5 – 57 "水世界"数字展厅

# 附录：苏州市公共文化中心数字文化馆规划建设方案

## 一、背景

随着物质生活和精神生活水平的日益提高，传统的文化服务方式和手段已经很难满足人民群众的精神文化生活需求。特别是在经济水平高度发达、文化氛围非常浓郁的苏州市，高效率、高品质的融入用户体验的现代文化服务逐渐成为市民群众新的追求。中共中央办公厅、国务院办公厅于 2015 年 1 月 14 日印发的《关于加快构建现代公共文化服务体系的意见》中明确提出了"加快推进公共文化机构数字化建设"的要求。公共数字文化建设是数字化、信息化、网络化环境下公共文化服务的新平台、新阵地、新空间，创新了文化表现形式，丰富了文化服务内容，拓宽了服务渠道，是当前和未来加强现代公共文化服务体系建设的重点工作之一。

苏州市公共文化中心成立于 2011 年 9 月，由苏州市委市政府将原有的文化馆、美术馆、名人馆等 8 家机构整合而成。自成立以来，苏州市公共文化中心以现代公共文化服务为核心，将 8 家机构的人力、物力、财力资源进行了协调统筹，把原分属于不同机构的文化资源进行加工整合，打破框架、形成合力，为市民群众提供高品质、多元化的公共文化产品和服务。据统计，整合后的文化活动场次较之前翻了两番，受益人群增幅达 50%，公共文化设施的集约化管理实现了公共文化资源和服务的集成化提供，成为苏州市创建首批国家公共文化服务体系示范区中协调统筹建设的一大亮点。

就公共文化服务机构而言，现代公共文化服务体系不仅需要固定设施体系、流动服务体系，还需要数字服务体系；现代公共文化机构不仅需要传统服务方式和手段，还需要数字资源提供能力和远程服务能力;现代公共文化机构,改变的不仅仅是文化的载体形式,更是人们利用公共文化设施、享受公共文化服务的方式。作为现代化水平高度发达城市的公共文化服务机构中的排头兵,苏州市公共文化中心高度重视现代公共数字文化服务,开展了一系列先行先试的探索与实践。2014年苏州市公共文化中心策划实施的"数字文化生活体验馆"项目,成功入选文化部科技创新项目。2015年年初,经报请中国文化馆协会批准,数字文化委员会设在苏州市公共文化中心。同年8月,苏州市公共文化中心数字文化馆试点申报喜获文化部批准,成为全国首批10家数字文化馆试点单位之一。

苏州市公共文化中心为进一步提高服务效能,探索现代公共文化服务体系创新方式,在文化部全国公共文化发展中心的关心和指导下,拟分为两个阶段,在3个维度上逐步实施"数字文化馆"项目。

第一个维度:信息资讯的现代化传播。聚焦于公众对公共文化服务信息的获取与反馈,包括在互联网络、有线电视、新媒体等信息渠道建设全媒体覆盖。

第二个维度:虚拟空间的自助服务。聚焦于公众对公共数字文化资源的远程获取与提供,主要做法是通过互联网络等媒介,为公众提供自助式的远程文化服务,跨越时空限制,实现24小时不间断服务。

第三个维度:实体空间的数字式交互体验。聚焦于公众对公共文化设施实体空间的数字文化服务,提供公众喜闻乐见、寓教于乐的数字交互活动,提升现代公共文化服务效能。在潜移默化中,传承优秀传统文化、弘扬社会主义核心价值观。

## 二、建设内容

从上述3个维度出发,第一阶段建设目前已经完成,主要有:进一步拓展信息资讯的现代传播(新版网站、微信服务平台、远程指导网络等),进一步丰富虚拟空间的自助服务(网上美术馆、网上名人馆、网上文化馆、"文化苏州"云服务平台),进一步提升实体空间的创新体验

（大型数字互动墙、名人馆时光隧道、网络歌手大赛、数字录音棚）。

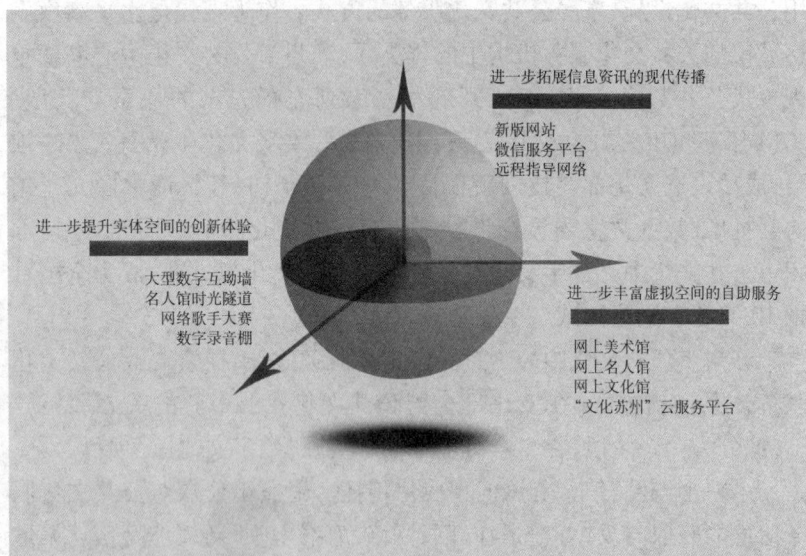

进一步拓展信息资讯的现代传播

新版网站
微信服务平台
远程指导网络

进一步提升实体空间的创新体验

大型数字互动墙
名人馆时光隧道
网络歌手大赛
数字录音棚

进一步丰富虚拟空间的自助服务

网上美术馆
网上名人馆
网上文化馆
"文化苏州"云服务平台

图1　数字文化馆第一阶段建设项目

（一）信息资讯的现代传播

以新版网站、微信服务平台、远程指导网络等为主构建的方便、立体、快捷的现代公共文化传播体系已经成为市民群众获取公共文化资讯的重要窗口、市民群众提升文化艺术素养的重要平台、市民群众文化需求表达的重要途径、传播社会主义核心价值观的重要方式。

苏州市公共文化中心新版网站以提升用户的访问体验为主要目标，采取最新的 slider 滑控操作模式，适用于不同大小、尺寸的浏览器。可使市民群众使用电脑、手机、平板等各种终端均能达到良好的视觉及体验效果。

苏州市公共文化中心微信服务平台可以让市民群众及时获取信息资讯，了解近期发生的文化新闻，第一时间掌握文化活动的时间、地点；还可以实现美术馆展览作品欣赏、名人馆名人资料阅读、苏州话讲名人故事语音点播、预约报名公共教育活动等功能。

图 2　slider 滑控操作的网页

图 3　网页实现自动播放

图4　微信服务平台

图5　微信服务平台

苏州公共文化中心 〉

《花鸟之二》（立秋）

· 来源：【苏州市公共文化中心】

作品名称：《花鸟之二》（立秋）

图6　微信展览

〈返回　苏州市公共文化中心　···

**听老苏州讲苏州名人故事**

2016-02-05 苏州市公共文化中心

苏州名人故事

名人故事：先天下之忧而忧，后天下之乐而乐。（节选）

老苏州：周国珍

)) 语音　　　　　3:29
来自苏州市公共文化中心

图7　语音点播

（二）虚拟空间的自助服务

苏州市公共文化中心利用虚拟现实技术和网络技术打破了实体场馆的局限性，扩展文化场馆的延伸空间和社会职能，满足市民群众对于文化场馆的各种功能期许，足不出户就可以享受到现代公共文化服务。

第一阶段建设提供的网上自助文化服务包括网上美术馆、网上名人馆、网上文化馆、"文化苏州"云服务平台等。

1. 网上美术馆

网上美术馆整合苏州美术馆、吴作人艺术馆、颜文樑纪念馆、苏州版画院（苏州桃花坞年画博物馆）、苏州粉画艺术院等美术馆资源，为市民群众打造一个无边界的网上虚拟美术馆。苏州市公共文化中心利用先进的多媒体和网络技术，将美术展览、美术作品及相关信息资源以数字化的形式进行展现，实现美术馆的展览、研究、教育功能。市民群众随时随地都能了解苏州市公共文化中心各美术场馆最新的展览信息、展览网上实景展示,还能在线观看"美术馆里的美术课""相约美术馆"系列讲座、艺术体验等,查询欣赏馆藏作品、咨询预约公共教育活动。

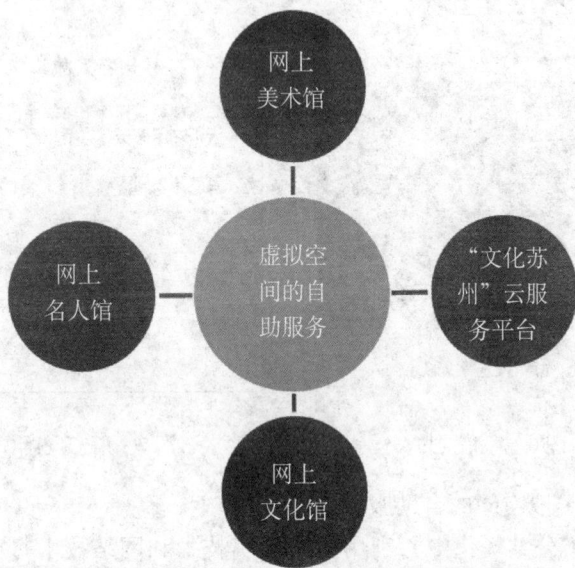

图8　网上自助文化服务

图9　全景虚拟展厅

图 10　馆藏作品展示

## 2. 网上名人馆

网上名人馆运用虚拟现实技术、立体显示系统等，以三维立体的方式将名人馆完整呈现于网络上，实现名人资料的检索查询、特色专题展览网上展示等功能。民众可以在虚拟名人馆中随意游览，观看"中国的美国英雄——罗伯特·麦考利·肖特史料展""正义的使者——倪征燠史料展"等网上全景虚拟的展览展陈，按需查看先秦至

图 11　名人馆网上全景虚拟史料展

今苏州历代名人的相关信息资料,还可以在线浏览"牵手名人 励志人生""走近名人 放飞梦想"等一系列公益教育活动,在线点播"听老苏州讲名人故事"系列讲座音频剪辑,了解"观动画 知名人"观影活动,咨询预约公共教育活动。

图 12　动态姑苏繁华图

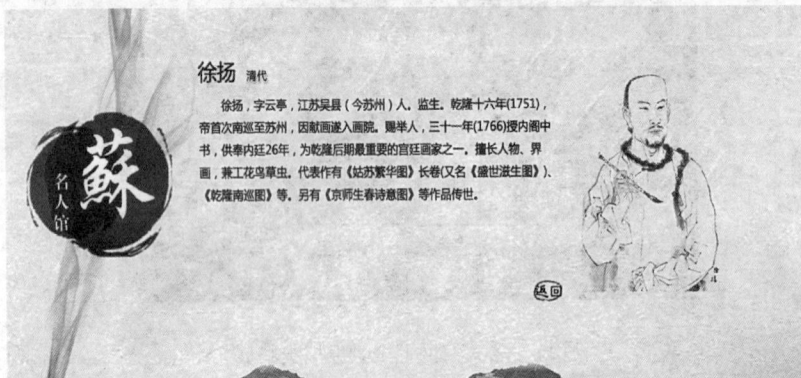

**徐扬** 清代

徐扬,字云亭,江苏吴县（今苏州）人。监生。乾隆十六年(1751),帝首次南巡至苏州,因献画逐入画院。赐举人,三十一年(1766)授内阁中书,供奉内廷26年,为乾隆后期最重要的宫廷画家之一。擅长人物、界画,兼工花鸟草虫。代表作有《姑苏繁华图》长卷(又名《盛世滋生图》)、《乾隆南巡图》等。另有《京师生春诗意图》等作品传世。

图 13　网上名人检索

### 3. 网上文化馆

苏州市公共文化中心通过数字化、网络化、虚拟化的表现形式，突破传统的时空和区域限制，为民众提供场馆介绍、活动预告、免费开放项目、开放时间、展览讲座、视频欣赏、电子期刊、在线指导、预约领票等功能，实现全人群全覆盖。

图 14　网上文化馆

图 15 网上文化馆数字化资源

4.“文化苏州”云服务平台

“文化苏州”云服务平台实现了对苏州市优质文化资源收集、整理及数字化制作的功能,通过“文化苏州”云服务平台向社会开放。民众可以通过高清有线电视或者下载“文化苏州”APP,点播欣赏相关图片、音频和视频。截至目前,该平台涵盖了文化讲座、戏曲、非遗、电视剧、电影、动漫、科普等内容,共计 15TB、视频 5200 小时左右的资源。

图 16 “文化苏州”点播界面

图17 "文化苏州"数字资源存储

（三）实体空间的交互体验

苏州市公共文化中心着力打造具有优质创新体验的实体空间，吸引全社会积极参与，在潜移默化中提升文化艺术素养。

1. 大型数字互动墙

大型数字互动墙是苏州市公共文化中心以凸显实体空间的创新体验为目的，依托免费的无线网络环境为基础，在苏州美术馆内建成的重要项目。大型数字互动墙由16块高清液晶显示屏分上下两层拼接而成，可供8人同时使用。凭借墙体中部上方安装的"雷达眼"，以及人体感应、多点触控等技术，实现了数字墙与观众的双向多功能互动。

大型数字互动墙实现了五大功能。一是以数字化的方式全面展示苏州美术馆馆藏油画、中国画、粉画等资源；二是画展永不落幕，观众能随意查看在往届展期中曾经展出过的千余幅展品图片；三是双向互动便捷,观众可采用挥手、手指停留等方式隔空操作观看,还能点赞、下载;四是同步大数据采集,统计分析观众的喜爱偏好;五是把作品"带"回家,观众对准二维码扫描,作品图片和题目、作者姓名立刻显示在手机上。传统的展览模式只能让观众欣赏正在展出的作品,无法回看错过的展期;同样对于美术馆而言,传统的展览方式很难同时展示所有的馆藏作品。以苏州美术馆为例,该馆共有藏品2000多件,其中不乏国家一级文物等珍贵美术作品。按照传统的展览模式,如把所有藏品展示一遍大约需要几年的时间,严重制约了美术馆社会效益的最大化。通过搭乘全媒体"快车"建成的大型数字互动墙,非常巧妙地解决了上述问题。

图18　大型数字互动墙

图 19　大型数字互动墙展览效果

## 2. 名人馆时光隧道

以苏州历史名人、状元宰相和两院院士等 447 人为展示对象，采用传统与现代相结合的多种艺术表现手法，通过纱幔投影、LED 拼接显示系统、仿真投影系统、投影成像互动演示系统等技术的应用，营造了集知识性、欣赏性、教育性、趣味性、参与性于一体的实体展馆，展示苏州名人灿若星辰、历史文化艺术博大精深。

图 20　名人馆时光隧道

图 21　名人馆时光隧道

### 3. 数字录音棚

苏州市公共文化中心数字录音棚具有录音、音乐编曲制作、音视频制作、MV 制作等专业功能。通过网络歌手大赛选拔等形式向广大民众提供专业的录音及音乐制作,让更多的民众更加容易走进录音棚,实现自己的音乐梦想。

图 22　数字录音棚

4. "我爱唱歌"网络歌手大赛

着力探索引入现代科技和互联网、打通线上线下的创新性群众文化活动模式。公众可通过多种方式(网站、微信、微博)参与,已有约40余万人次参与投票,300多名歌手入选复赛。苏州市公共文化中心还将针对复赛、复活赛、决赛等环节进一步增强线上线下的宣传力度,扩大网上网下的互动参与度。

图23　网络歌手大赛海报

图24　网络歌手风采展示

图 25　网络歌手大赛海选网站

### 三、第二阶段建设主要亮点

下一步,苏州市公共文化中心将在第一阶段建设经验的基础上大力推进特色亮点项目:

(一)全民艺术普及平台建设

2015 年 1 月,中共中央办公厅、国务院办公厅印发的《关于加快构建现代公共文化服务体系的意见》中明确指出,"加快推进公共文化机构数字化建设",并强调要"提高网络文化产品和服务供给能力,促进优秀传统文化瑰宝和当代文化精品网络传播"。2015 年 3 月 5 日,李克强总理又在两会政府工作报告中提出"互联网＋"行动计划。

图 26　全民艺术普及平台

为积极探索"互联网＋文化馆",苏州市公共文化中心将充分利用数字化新媒体传输渠道,计划建设"全民艺术普及平台",加快从传统服务模式向"互联网＋"现代公共文化服务模式的转型升级。该平台将具有视频化教学、虚拟化交互、个性化服务、平等化共享等特征。全民艺术普及平台将通过互联网为公众提供均等化的学习空间,公众可以通过网上选课、自助学习、在线答题、学习讨论等方式不断提高自身的艺术素养。同时,苏州市公共文化中心还计划通过建立分级分类的数据库和绩效评价机制等方式,来优化艺术普及平台的针对性及有效性,更好地发挥平台提升大众艺术素养的作用。

（二）新型电子阅览室提档升级

2015年3月,国务院办公厅发布了《关于发展众创空间推进大众创新创业的指导意见》,提出推进创客空间发展的八项重点任务。2015年12月,苏州市公共文化中心与上海图书馆达成战略合作协议,共同研究并策划实施"新型电子阅览室提档升级"建设。该项目将为文化创客打造线上及线下相结合的数字文化社区平台,并提供一个专业的共享、实践、展示空间。通过创客课程（演讲、讲座）、自主设计研发、动手制作、现场与网络作品展示、组织策划交流学习活动等一站式服务,让有兴趣的民众可以在其中交流创意、启发创新、实现"创新、创意、创业"梦。

图27　创客空间示意图

（三）打造数字文化休闲空间

将200平方米的室内空间和下沉式广场作为面向观众的休闲、阅读、聚会空间。引入咖啡冷餐服务打造休闲空间的基调。以专业性为主要标准购买1000册艺术欣赏以及艺术设计类的原版图书,为广大观众提供一个在欣赏展览之余,能驻足停留的休闲空间。让公众通过免费阅读相关书籍，继续沉淀观展的心得收获；在延伸阅读、静心思考中，进一步寻找创作的火花。此外，在数字文化休闲空间中，还拟设置数字绘画项目、文创产品展示区域以及艺术沙龙活动区域等，进一步打造数字文化休闲的空间氛围。

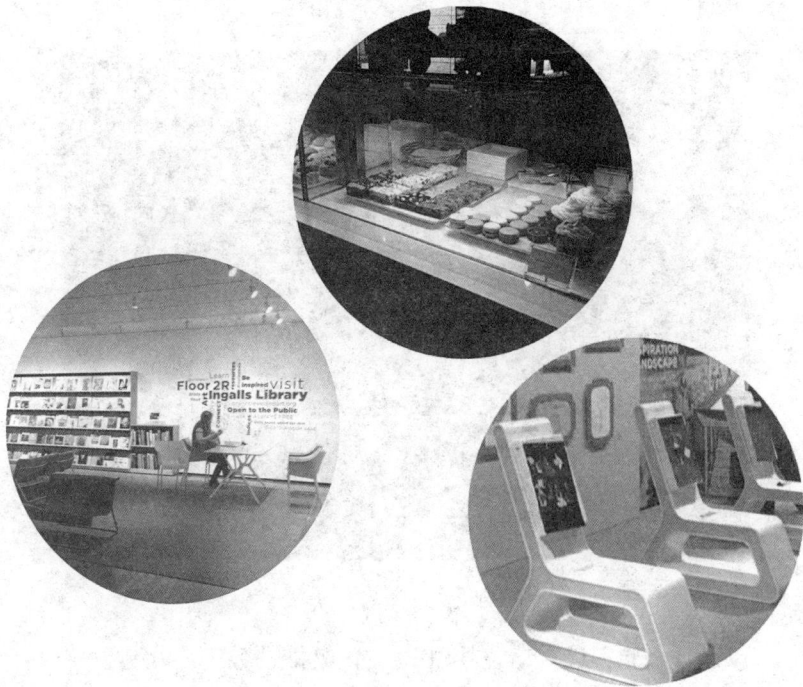

图28　数字文化休闲空间示意图

### 四、服务推广计划

以开放包容的态度面向社会公众。通过"数字文化馆"线上线下的资讯、活动、教学、互动体验来吸引、吸纳更多的文化志愿者和义工积极参与到数字文化馆的建设中。尝试志愿服务星级评定、累计积分兑奖品，在线学分颁证书等灵活多变的方法，提升参与者的热情。譬如,苏州市公共文化中心通过"我爱唱歌"网络歌手大赛遴选出十多位爱唱歌、有基础的业余歌手。在大赛结束后,苏州市公共文化中心请专业声乐老师对歌手进行辅导提高,并根据歌手的特点和意向进行重组及编排,为这些热爱唱歌的参赛者提供巡演的平台,让其在展现自我风采的同时,把声乐的魅力分享给广大市民。

图 29  "我爱唱歌"网络歌手大赛复赛现场

以成功经验积极带动各县(区)文化馆推进数字文化建设。自苏州市公共文化中心策划实施"数字文化生活体验馆"以来,迎来全国各地的文化馆学习交流团队数十批,与各县(区)文化馆的交流则更为频繁。苏州市公共文化中心运用"我爱唱歌"网络歌手大赛的模式,对接常熟尚湖特色文化"王庄戏曲",为其量身定制了"2016 尚湖百姓戏曲大舞台"线上平台。通过网上参赛、网上试听、网上投票等细化功能的设置,增强了线上线下的宣传力度,扩大了网上网下的互动参与度。作为镇一级的戏曲文化活动,网络投票突破 6 万人次,集聚了人气。

图30 "2016 尚湖百姓戏曲大舞台"线上平台

　　大力吸引社会力量参与。以"数字文化馆建设"为基石,进一步搭建与博物馆、图书馆、广电、报业等机构的战略合作,充分利用数字化平台与信息化平台,优质资源共推,特色资源互补,携手打造更加便捷高效的现代公共文化服务体系。在此基础上广泛吸纳社会力量,与社会各界有志之士、优秀团队多方面合作,共同探索数字文化服务创新发展模式。

图 31　外国朋友体验"美术馆里的美术课"

图 32　志愿者"老苏州"讲苏州名人故事

# 后　记

　　本书分两大部分,共五章。全书章节架构由李国新、曹俊设计。上篇为"数字文化馆网络平台与实体空间建设",其中文化馆网站及其微信、微博现状调研由冯佳、刘海丽、柳英、关思思、陈慰、刘亮、汪聪共同完成,刘海丽、关思思、刘亮赴苏州公共文化中心、张家港市文化馆、马鞍山市文化馆实地调研数字实体空间建设情况并分别撰写第一、二、三章。下篇为"国外公共文化机构数字实体空间",由张丽、陆晓曦、陈慰基于大量一手的原始外文文献资料归纳提炼而成,详尽介绍了国外公共文化机构数字实体空间的创新理念和先进应用。

　　本书是第一部探讨文化馆数字化建设的专门著作。目前,我国文化馆的数字化建设正在稳步推进,希望本书能够为"十三五"时期数字文化馆建设提供参考和借鉴。

　　本书在编写过程中得到张家港市文化馆、马鞍山市文化馆等单位的大力支持,同时一并感谢对我们的研究提供帮助的国内外同仁和朋友。作为一项集体研究成果,我们期待着专家、读者对本书提出进一步完善的意见和建议。

编　者

2016 年 3 月